Quebrando as correntes emocionais

Liberte-se com o Método PRO

Dr. Yuri Busin

Quebrando as correntes emocionais

Liberte-se com o Método PRO

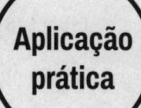
Aplicação prática

Labrador

© Yuri Busin, 2024
Todos os direitos desta edição reservados à Editora Labrador.

Coordenação editorial Pamela J. Oliveira
Assistência editorial Leticia Oliveira, Jaqueline Corrêa
Projeto gráfico Amanda Chagas, Marina Fodra
Diagramação Heloisa D'Auria
Capa Diego Cortez
Preparação de texto Jacob Paes
Revisão Carla Sacrato

Dados Internacionais de Catalogação na Publicação (CIP)
Jéssica de Oliveira Molinari - CRB-8/9852

Busin, Yuri

Quebrando as correntes emocionais : liberte-se com o Método PRO / Yuri Busin.
São Paulo : Labrador, 2024.
128 p.

ISBN 978-65-5625-617-7

1. Autoajuda 2. Psicoterapia I. Título

24-2167   CDD 158.1

Índice para catálogo sistemático:
1. Autoajuda

Labrador

Diretor-geral Daniel Pinsky
Rua Dr. José Elias, 520, sala 1
Alto da Lapa | 05083-030 | São Paulo | SP
contato@editoralabrador.com.br | (11) 3641-7446
editoralabrador.com.br

A reprodução de qualquer parte desta obra é ilegal e configura uma apropriação indevida dos direitos intelectuais e patrimoniais do autor. A editora não é responsável pelo conteúdo deste livro. O autor conhece os fatos narrados, pelos quais é responsável, assim como se responsabiliza pelos juízos emitidos.

SUMÁRIO

Introdução ———————————————————— 7

SESSÃO 1 – Despertar da consciência: enxergue além dos limites que você se impôs ———————— 9

SESSÃO 2 – Mapeando o ser: descubra-se, aceite-se, transforme-se ————————————————— 15

SESSÃO 3 – Calmaria interna: navegue pelas tempestades emocionais com serenidade ———— 21

SESSÃO 4 – Alicerces da autoestima: construa sua confiança sobre rochas, não areia! ————— 33

SESSÃO 5 – Decifrando emoções: entenda suas emoções; elas são bússolas, não obstáculos ————— 39

SESSÃO 6 – Caminhos do equilíbrio: a chave para a dança da vida ———————————— 51

SESSÃO 7 – A arte da resiliência: cada queda é um convite para se levantar mais forte ————— 61

SESSÃO 8 – Escolhas e caminhos: nas encruzilhadas da vida, escolha o caminho que leva ao seu verdadeiro eu ——————————— 67

SESSÃO 9 – Celebração do crescimento: cada passo adiante é uma vitória sobre o Eu de ontem ————— 79

SESSÃO 10 – Continuidade do ser: a jornada de autoconhecimento é um rio que flui sem fim ———— 91

Método PRO ———————————————————— 101

    Conexão ———————————————————— 105

    Raio-X do comportamento ————————————— 107

    Regulação emocional ————————————————— 109

    Confiança —————————————————————— 111

    Intenção ——————————————————————— 113

    Planejamento ————————————————————— 114

    Decisão ——————————————————————— 116

    Encorajamento ————————————————————— 117

    Ação ————————————————————————— 119

    Reavaliação —————————————————————— 120

    Manutenção —————————————————————— 121

    Bem-estar ——————————————————————— 123

Conclusão —————————————————————— 125

INTRODUÇÃO

Vivemos em uma era de constante movimento, de excesso de informações, em que as exigências do dia a dia muitas vezes nos levam ao limite.

Sou Yuri Busin, psicólogo, mestre e doutor em neurociência cognitiva, e dediquei minha vida a entender os meandros da mente humana e a ajudar pessoas a encontrarem o equilíbrio e a felicidade. Ao longo de minha carreira, desenvolvi o **Método PRO – Psicoterapia de Reforço e Objetivo**, uma abordagem singular que tem transformado vidas ao redor do mundo, guiando-as na superação dos medos e das dores, assim como na redescoberta da paixão pela vida.

Este livro é mais do que palavras em páginas, é um convite para você embarcar em uma jornada de transformação pessoal, materializado a partir do diálogo entre um psicólogo e uma paciente. Aqui, compartilho com você as estratégias que são o coração do **Método PRO**.

Vamos explorar juntos como lidar efetivamente com as adversidades, entender e regular nossas emoções e, mais importante, reconhecer e confiar em nossa capacidade inata de mudança e transformação.

Estou aqui para apoiá-lo nesse caminho.

Vamos começar juntos essa jornada.

SESSÃO 1

DESPERTAR DA CONSCIÊNCIA:

enxergue além dos limites
que você se impôs

||||||||||||||||||

PSICÓLOGO: Bom dia, Fernanda, tudo bem? Você aceita um café?

FERNANDA: Não, obrigada. Já tomei meu café hoje!

PSICÓLOGO: Como posso te ajudar?

FERNANDA: Eu já estive melhor... Ultimamente, tenho me sentido muito sobrecarregada com o trabalho e tudo mais. Sinto que estou sempre correndo, tentando alcançar algo, mas, no fim do dia, parece que nunca é o suficiente. E isso tem me deixado exausta, não só física como também mentalmente. Estou aqui porque percebi que preciso de ajuda, mas não sei bem por onde começar...

PSICÓLOGO: Não se preocupe, fale livremente! Você já fez terapia?

FERNANDA: Não, esta é a primeira vez. Sempre achei que podia lidar com o estresse sozinha, que era apenas uma questão de me organizar melhor ou trabalhar com mais empenho. Mas cheguei a um ponto em que reconheço que isso vai além do que posso gerenciar sozinha. Estou um pouco ansiosa sobre todo esse processo, para ser honesta.

PSICÓLOGO: Entendi, então vamos começar falando sobre como serão nossas sessões.

FERNANDA: Isso soa como um bom ponto de partida. Estou aberta a entender mais sobre como isso funciona e o que podemos alcançar juntos.

PSICÓLOGO: Maravilha! Vamos lá: terapia não é uma mágica, em que você entrará aqui e se tornará outra pessoa em uma única sessão. Terapia é uma construção! Nas nossas sessões sempre manteremos o foco em três premissas:

1. Meus pacientes devem sair melhores do que quando entraram nas sessões.
2. Foco em como lidar com as situações.
3. Construções são feitas para frente.

Tudo bem?

FERNANDA: Sim, isso faz sentido para mim. A ideia de construção me parece especialmente importante, considerando que sinto como se estivesse há muito tempo presa em um ciclo. Estou particularmente interessada em aprender como lidar com as situações de maneira mais eficaz. Sinto que isso poderia me ajudar a não me sentir tão sobrecarregada o tempo todo. Estou pronta para começar essa construção.

PSICÓLOGO: Para tudo funcionar, você precisa confiar em mim. E, por isso, é importante nossa conexão. Caso ela não ocorra, posso ser o melhor psicólogo do mundo e isso não dará certo.

FERNANDA: Entendo a importância da confiança e da conexão no processo terapêutico. Estou disposta a me abrir, e trabalharmos juntos nisso. Sinto-me um pouco ansiosa, mas também aliviada por estar tomando essa atitude. Estou pronta para começar e ver onde isso pode nos levar. Obrigada por enfatizar a importância da confiança e da conexão; ajuda, de verdade, a diminuir um pouco da minha ansiedade.

PSICÓLOGO: Vamos falar sempre dos seus comportamentos, entender como eles funcionam, e, ao longo do tempo, vou sempre explicando um pouco a teoria para você conseguir se olhar durante a semana também, não somente durante nossas sessões. Agora, me fala: o que você chama de ansiedade? O que você sente?

FERNANDA: Quando falo sobre ansiedade, é essa sensação constante de que algo ruim vai acontecer, mesmo quando não há uma razão específica para pensar assim. É como se meu cérebro nunca desligasse, sempre antecipando cenários ruins, especialmente em relação ao meu trabalho e às minhas responsabilidades. Fisicamente, às vezes sinto meu coração acelerar, minha respiração fica mais curta e tenho dificuldades para dormir. Mentalmente, é como se houvesse um ruído constante, dificultando minha concentração em qualquer coisa que não seja minha preocupação do momento. Isso me deixa exausta, mas, ao mesmo tempo, incapaz de relaxar ou desacelerar.

PSICÓLOGO: Muito bom, você entende a diferença entre ansiedade e empolgação? Será que o que você sente é sempre um ou outro?

FERNANDA: Isso é algo em que não tinha pensado antes. Eu sei que a ansiedade e a empolgação podem ter sintomas físicos parecidos, como o coração acelerado, mas sempre associei meus sentimentos à ansiedade por causa da natureza negativa dos meus pensamentos. Pensando bem, em algumas situações, especialmente antes de uma grande cirurgia que eu tenha que fazer, ou ao enfrentar um novo desafio no trabalho, como médica ou chefe de equipe, a linha entre ansiedade e empolgação parece um pouco borrada. Talvez haja momentos em que o que eu interpreto como ansiedade poderia ser parcialmente empolgação ou nervosismo por estar diante de algo importante.

PSICÓLOGO: Muito bom! Vamos começar a dividir sempre o que é o quê dentro de nós! Fechado?

FERNANDA: Sim, fechado! Acho que essa distinção pode realmente me ajudar a entender melhor meus sentimentos e como eu reajo a eles. Quero aprender a diferenciar entre ansiedade e empolgação, e a usar essa compreensão para gerenciar melhor minhas reações. Estou realmente ansiosa, talvez até um pouco empolgada (*risos*), para ver como isso vai me ajudar no dia a dia. Obrigada por me guiar nessa direção.

PSICÓLOGO: Agora, você precisa pensar se deseja fazer nossas sessões. Vá para casa e me avise se quer ou não continuar!

FERNANDA: Vou refletir sobre isso e te aviso. Mas, devo dizer, sinto-me mais esperançosa agora do que quando entrei aqui hoje. Obrigada por oferecer uma nova perspectiva e pela possibilidade de mudança. Eu entrarei em contato em breve.

SESSÃO 2

MAPEANDO O SER:
descubra-se, aceite-se, transforme-se

||||||||||||||||

PSICÓLOGO: Bom dia, Fernanda, tudo bem? Aceita um café?

FERNANDA: Não, obrigada! Desde a nossa última sessão, tenho tentado observar meus sentimentos mais de perto, tentando, em especial, diferenciar a ansiedade da empolgação. Foi um exercício interessante, e estou curiosa para explorar mais.

PSICÓLOGO: Feliz em ouvir isso, Fê! Me conta: o que foi bom na sua última semana?

FERNANDA: Teve um momento que inicialmente pensei que seria estressante, mas que acabou sendo bastante positivo. Fui convidada para liderar uma equipe em um projeto desafiador no hospital. Minha reação inicial foi de ansiedade, antecipando todos os possíveis problemas e preocupações sobre se eu seria capaz de gerenciar tudo. Mas, depois de refletir sobre a nossa conversa, consegui reenquadrar essa experiência como uma oportunidade empolgante para crescimento profissional e pessoal. Foi bom porque, pela primeira vez em muito tempo, senti uma faísca de empolgação sobre meu trabalho, em vez de apenas me sentir sobrecarregada.

PSICÓLOGO: Qual é o projeto?

FERNANDA: O projeto envolve o desenvolvimento de um novo programa de bem-estar para a equipe do hospital, focado em abordar o estresse e o *burnout* entre os profissionais de saúde. Será uma combinação de workshops, sessões de terapia em grupo e recursos de *mindfulness*, todos projetados para ajudar a equipe a gerenciar melhor o estresse e promover um ambiente de trabalho mais saudável. É um desafio, porque significa trabalhar não só nos aspectos clínicos como também entender as necessidades emocionais e psicológicas da equipe. Estou animada com a possibilidade de fazer uma diferença positiva no bem-estar dos meus colegas.

PSICÓLOGO: Vamos entender o que aconteceu com seus sentimentos? Me conta: quando você ouviu essa proposta, o que apareceu primeiro na sua mente?

FERNANDA: Quando ouvi a proposta pela primeira vez, o pensamento que me veio à mente foi de preocupação e dúvida sobre a minha capacidade de liderar um projeto dessa magnitude. Pensei em todas as coisas que poderiam dar errado e questionei se eu seria a pessoa certa para a tarefa. Esse pensamento foi acompanhado por uma sensação física de tensão, especialmente nos ombros e no estômago. Mas, depois de algum tempo, e lembrando da nossa discussão sobre diferenciar ansiedade de empolgação, comecei a ver essa proposta sob uma luz diferente. Comecei a pensar nas possibilidades positivas que o projeto poderia trazer, não só para mim, mas também para meus colegas. Essa mudança de perspectiva trouxe uma sensação de leveza e até um certo entusiasmo pela oportunidade de fazer algo significativo.

PSICÓLOGO: Vamos pensar um pouco mais sobre o que falou no início: "dúvida sobre minha capacidade." Não acha interessante você primeiro pensar sobre sua capacidade?

FERNANDA: Sim, é interessante. E, para ser honesta, um pouco revelador. Refletindo sobre isso, percebo que essa tendência de duvidar da minha capacidade é algo recorrente, não só em situações profissionais, mas também em vários aspectos da minha vida. Parece ser um padrão automático de pensamento que surge sempre que me deparo com novos desafios ou oportunidades. Talvez isso esteja mais enraizado em mim do que eu imaginava, influenciando não apenas como vejo minhas habilidades, mas também como reajo sob pressão ou diante do desconhecido. É algo que definitivamente quero trabalhar, para poder abordar novas situações com mais confiança e menos dúvida.

PSICÓLOGO: Vamos entender um pouco sobre seus pensamentos. Veja se faz sentido: na vida, quando você esbarra com algo que sente que não tem capacidade de lidar, sente o que chamamos de medo. Certo?

FERNANDA: Sim, isso faz sentido. Quando me deparo com algo que sinto que não tenho capacidade de lidar, o medo realmente se manifesta. É um medo de falhar, de não estar à altura das expectativas e talvez até de decepcionar os outros. Esse medo muitas vezes me faz questionar minhas habilidades e pode me levar a evitar situações desafiadoras, mesmo que, no fundo, eu saiba que enfrentá-las poderia ser uma oportunidade de crescimento. Reconhecer isso é um pouco desconfortável, mas também vejo que é um passo importante para começar a trabalhar essas questões.

PSICÓLOGO: Então, qual é o ponto central da sua ansiedade? Vamos pensar se isso acontece em outros esferas da sua vida?

FERNANDA: Pensando bem, parece que o ponto central é o medo do fracasso e a dúvida sobre minha própria competência. Refletindo sobre outras esferas da minha vida, vejo que esse padrão se repete. Por exemplo, em situações sociais, muitas vezes evito expressar minha opinião por medo de ser julgada ou não ser considerada inteligente o suficiente. Até mesmo em hobbies ou atividades de lazer, hesito em experimentar coisas novas por medo de não ser boa nelas desde o início.

Essa tendência de duvidar de mim mesma e do meu valor parece ser uma constante, afetando não apenas minha vida profissional, mas também minhas relações pessoais e a maneira como me permito desfrutar da vida. Reconhecendo isso agora, fica nítido que essa é uma área que precisa de atenção, para que eu possa começar a mudar essa narrativa interna e abordar a vida com mais confiança e abertura para novas experiências.

PSICÓLOGO: Sim, precisamos olhar com cuidado e carinho. Não acha?

FERNANDA: Sim, concordo plenamente. Olhar para essas questões com cuidado e carinho é essencial. Reconhecer que esse padrão de pensamento tem um impacto significativo em várias áreas da minha vida é um primeiro passo importante. Agora, sinto que estou pronta para trabalhar nisso, para aprender a confiar mais em mim mesma e a enfrentar o medo do fracasso de uma maneira mais saudável. Estou grata por termos identificado isso juntos e estou aberta a explorar estratégias e ferramentas que possam me ajudar a mudar esses padrões.

PSICÓLOGO: Maravilha, então nos vemos na próxima sessão! Pense nisso.

FERNANDA: Com certeza, pensarei. Estou ansiosa pela nossa próxima sessão e pelo trabalho que faremos juntos. Obrigada por hoje, sinto que estamos começando a desvendar algo importante. Até a próxima sessão.

SESSÃO 3

CALMARIA INTERNA:

navegue pelas tempestades emocionais com serenidade

||||||||||||||||

PSICÓLOGO: Bom dia, Fê!!! Como foi a semana? Se divertiu?

FERNANDA: Bom dia! Minha semana foi interessante, com alguns altos e baixos. Tentei aplicar o que discutimos sobre enfrentar o medo do fracasso e sobre confiar mais em mim. Houve momentos em que consegui me desafiar um pouco, em especial no trabalho, ao assumir tarefas que normalmente evitaria por medo de não fazer bem o suficiente. Não posso dizer que me diverti, mas senti uma certa satisfação em me desafiar e superar algumas das minhas inseguranças. Ainda é um processo, mas estou começando a ver as coisas de uma perspectiva ligeiramente diferente, o que já é um progresso.

PSICÓLOGO: Será mesmo que você não se divertiu? O que você fez por você nessa semana? Aceita um café hoje?

FERNANDA: Não, obrigada pelo café! Pensando melhor, talvez eu tenha me divertido um pouco sim, de uma maneira que não reconheci inicialmente. Decidi dedicar um tempo para mim mesma, algo que raramente faço. Uma noite, reservei algumas horas para não me preocupar com o trabalho ou outras obrigações e li um livro que estava na minha estante há meses. Foi uma experiência agradável, me permitir isso, algo que eu não fazia há muito tempo. Essa pausa me fez sentir rejuvenescida, e me lembrou de como é importante ter momentos assim. Então, sim, acho que posso dizer que me diverti, ao me permitir desfrutar de coisas simples que costumava apreciar.

PSICÓLOGO: Qual livro você leu?

FERNANDA: Li um livro chamado *O poder do agora*, de Eckhart Tolle. É sobre estar presente no momento e não deixar que preocupações sobre o passado ou o futuro dominem nossos pensamentos. Foi bastante relevante para mim, considerando nossas discussões sobre ansiedade e medo do fracasso. O livro ofereceu uma perspectiva interessante sobre como mudar nossa relação com os pensamentos e estar mais presente e consciente. Foi um lembrete útil de que posso controlar como respondo a meus pensamentos e sentimentos, o que achei bastante libertador.

PSICÓLOGO: O que mais você fez por você?

FERNANDA: Além de dedicar tempo à leitura, decidi retomar uma atividade da qual sempre gostei, mas que havia negligenciado por muito tempo: caminhar ao ar livre. Reservei algumas manhãs para caminhar em um parque próximo à minha casa. Essas caminhadas me proporcionaram uma sensação de paz e me ajudaram a limpar a mente. Foi um modo de me reconectar com a natureza e comigo mesma, longe das pressões do trabalho e da rotina. Esses momentos de tranquilidade e reflexão foram realmente valiosos para mim. Fizeram-me perceber a importância de cuidar não só da minha saúde mental como também da física e emocional, ao dedicar tempo para atividades que trazem alegria e bem-estar.

PSICÓLOGO: Nossa, que incrível, você fez duas coisas importantes para o seu Eu! Me conta mais.

FERNANDA: Realmente, essas atividades me fizeram refletir sobre a importância de equilibrar trabalho e cuidado pessoal. Durante as caminhadas, comecei a perceber quão raro era para mim permitir esse tipo de tempo e espaço só para mim, sem me sentir culpada ou ansiosa por não estar "produzindo" ou trabalhando em algo. Essa conscientização trouxe uma espécie de alívio, mas também um questionamento sobre como eu vinha estruturando minha vida até agora.

Esses momentos de leitura e as caminhadas ao ar livre me ajudaram a entender melhor a necessidade de estabelecer limites saudáveis entre minha vida profissional e pessoal. Comecei a ver o valor em pequenas ações diárias voltadas para o autocuidado e como essas ações podem impactar positivamente minha saúde mental e física.

Além disso, essa semana me incentivou a pensar em outras atividades que poderiam me trazer alegria e satisfação, coisas que eu havia deixado de lado. Comecei a listar pequenos hobbies e interesses que gostaria de explorar ou retomar, como pintura e jardinagem, atividades que sempre me interessaram, mas que eu nunca priorizei.

Essa reflexão sobre o cuidado pessoal e o equilíbrio da vida está me ajudando a repensar minha rotina diária e a importância de ter espaço para atividades que nutrem minha alma, além das responsabilidades do trabalho. Estou começando a entender que cuidar de mim mesma é tão importante quanto cuidar dos outros, e isso está se tornando uma nova prioridade na minha vida.

PSICÓLOGO: Quando você chegou à nossa sessão você me disse que sua semana teve altos e baixos, será mesmo que teve baixos? Ou será que apenas foi diferente do seu cotidiano? Será que você consegue entender que a vida possui diversas perspectivas e devemos olhar sempre cada uma delas? A palavra-chave é o "também", ou seja, olhar o bom e também o ruim.

FERNANDA: Essa é uma reflexão poderosa. Pensando bem, quando mencionei que minha semana teve altos e baixos, estava me referindo automaticamente às dificuldades habituais no trabalho e à pressão que sinto lá. Mas, ao refletir sobre o que você disse, percebo que talvez eu tenha focado demais nos aspectos negativos, sem dar o devido valor às experiências positivas que também tive.

Você tem razão, a semana foi diferente do meu cotidiano, e isso não necessariamente significa que foi pior. As atividades que escolhi para mim, como ler e caminhar, trouxeram momentos de alegria e paz, que são tão significativos quanto os desafios enfrentados.

Começo a entender a importância de adotar a perspectiva do "também", reconhecendo que, mesmo em semanas desafiadoras, existem momentos de beleza e crescimento. Essa maneira de enxergar a vida pode realmente ajudar a equilibrar minha percepção dos eventos, valorizando tanto as dificuldades, que trazem aprendizado, quanto os momentos positivos, que trazem alegria e satisfação.

Essa mudança de perspectiva é algo que quero levar adiante, tentando ver as situações de uma maneira mais equilibrada, reconhecendo e valorizando todos os aspectos da minha vida. Isso parece ser um passo importante para uma vida mais plena e consciente.

PSICÓLOGO: Perfeito! Agora, o difícil é aplicar isso! Mas vamos com calma... Entenda que primeiro precisamos compreender o que se passa e ir aos poucos reforçando nosso comportamento para conseguir evoluir.

Temos o costume de sempre refletir anulando nossos pensamentos bons com os ruins, por exemplo: "fui ao parque e foi maravilhoso, MAAAS... meu chefe me ligou e acabou com tudo".

Tente sempre refletir separadamente, assim você evitará anular as suas boas sensações.

Nós precisamos de pequenas vitórias, e sabe por que isso é importante?

FERNANDA: Realmente, utilizo sempre o "MAAAS" nas minhas reflexões e nos meus pensamentos, então as situações parecem sempre ruins. Vou me policiar mais em dividir os pensamentos. Eu entendo a importância de buscar pequenas vitórias. Essas conquistas, embora modestas, podem ser muito encorajadoras e reforçam a ideia de que estou progredindo, mesmo que aos poucos. Elas servem como lembretes de que as mudanças que estou tentando implementar estão tendo um impacto positivo na minha vida.

Pequenas vitórias ajudam a construir confiança e autoestima, mostrando que sou capaz de enfrentar desafios e fazer mudanças significativas. Esse reforço positivo é crucial para manter a motivação e o comprometimento com o processo de crescimento pessoal. Ao celebrar cada pequeno sucesso, posso ver o valor no esforço contínuo e entender que cada passo, por menor que seja, é um avanço na direção certa.

Além disso, as pequenas vitórias ajudam a mudar o foco de uma visão somente de longo prazo, que pode ser esmagadora, para uma abordagem mais gerenciável, do dia a dia. Isso torna o processo menos intimidador e mais tangível, permitindo-me reconhecer e valorizar o progresso no presente, o que é fundamental para manter um estado mental saudável e uma perspectiva positiva.

Consigo ver a importância de identificar e celebrar essas pequenas vitórias em minha vida, entendendo que elas são etapas cruciais no caminho para o bem-estar e o equilíbrio geral.

PSICÓLOGO: Então, vamos pensar na sua semana que passou. Consegue ver mais vitórias pequenas que você teve?

FERNANDA: Sim, refletindo sobre a semana passada com essa nova perspectiva, posso identificar várias pequenas vitórias que antes talvez não tivesse valorizado tanto. Por exemplo: o fato de eu ter reservado momentos para ler e caminhar ao ar livre foi uma grande vitória, considerando como costumava negligenciar o autocuidado. Isso representa um passo significativo na minha busca por um equilíbrio mais saudável entre trabalho e vida pessoal. (*Tomar tempo para mim mesma.*)

Conseguir diferenciar entre a ansiedade e a empolgação em relação ao projeto novo no trabalho foi uma vitória. Isso mostra que estou começando a aplicar o que discutimos nas sessões, mudando a maneira como interpreto minhas emoções. (*Reconhecer e repensar a ansiedade.*)

O simples ato de pensar em hobbies e atividades que gostaria de retomar ou explorar é uma pequena vitória. Isso indica uma abertura para novas experiências e um desejo de enriquecer minha vida fora do trabalho. (*Explorar novos interesses.*)

Abrir-me durante nossas sessões e falar sobre meus sentimentos e desafios é uma vitória pessoal. Isso mostra que estou me tornando mais confortável com a vulnerabilidade e reconhecendo a importância do apoio e da orientação profissional. (*Compartilhar minhas experiências.*)

Essas pequenas vitórias me ajudam a ver que estou fazendo progressos tangíveis em direção a uma vida mais equilibrada e satisfatória. Elas reforçam a ideia de que as mudanças que estou buscando são possíveis e que cada pequeno esforço conta.

PSICÓLOGO: Perfeito! E temos aqui algo muito intrigante sobre nosso Eu: o comportamento é algo que podemos aprender em uma experiência e utilizar em outra. Você consegue pensar como isso pode acontecer no seu dia a dia?

FERNANDA: Sim, essa ideia é realmente intrigante. Vejo que as habilidades e os comportamentos que estou desenvolvendo em uma área da minha vida podem ser transferidos e adaptados para outras situações. Por exemplo: as técnicas que estou aprendendo para lidar com o estresse e a ansiedade no contexto do trabalho podem ser aplicadas em situações pessoais que também me causam estresse, como interações sociais desafiadoras ou ao enfrentar decisões importantes na vida pessoal. (*Gerenciamento de estresse.*)

Priorizar o autocuidado e reservar tempo para atividades que me trazem alegria e satisfação pode ser aplicado em vários contextos, me incentivando a manter um equilíbrio saudável em todas as áreas da minha vida, não apenas quando me sinto sobrecarregada. (*Autocuidado.*)

As habilidades de comunicação que estou desenvolvendo, como expressar meus sentimentos e necessidades de maneira objetiva, podem melhorar minhas relações pessoais, permitindo que eu estabeleça limites saudáveis e fortaleça conexões com amigos e familiares. (*Comunicação efetiva.*)

A habilidade de reenquadrar pensamentos negativos em uma perspectiva mais positiva ou realista pode ser usada não apenas para lidar com a ansiedade como também para enfrentar falhas ou desafios, vendo-os como oportunidades de aprendizado e crescimento. (*Reenquadramento positivo.*)

Ao aplicar esses comportamentos aprendidos em uma experiência a outras áreas da minha vida, posso criar uma abordagem mais integrada e resiliente para lidar com os desafios. Isso mostra que o crescimento pessoal não é isolado a uma única esfera da vida, e sim algo que permeia todas as minhas experiências, oferecendo ferramentas valiosas para lidar com diversas situações.

PSICÓLOGO: Exatamente. Então imagine sempre o seguinte: toda vez que formos enfrentar algo um pouco mais doloroso na nossa vida, será mais fácil se estivermos nos sentindo bem antes do evento. Faz sentido para você?

FERNANDA: Sim, faz muito sentido. Entendo que estar em um estado mental e emocional positivo antes de enfrentar situações desafiadoras ou dolorosas pode oferecer uma base mais sólida para lidar com esses eventos. Se eu estiver me sentindo bem, cuidando do meu bem-estar físico e emocional, terei mais recursos internos para enfrentar adversidades. Isso parece se alinhar com a ideia de resiliência, em que construir uma base de força e positividade no dia a dia me prepara melhor para os momentos difíceis.

Essa perspectiva incentiva a continuação das práticas de autocuidado e desenvolvimento pessoal que estamos discutindo, não apenas como uma forma de enfrentar problemas atuais, mas também como preparação para os desafios futuros. Vejo que isso pode me ajudar a abordar situações difíceis com mais calma, clareza e confiança, reduzindo o impacto negativo que elas possam ter sobre mim. É uma motivação adicional para continuar investindo em mim mesma e nas estratégias que estamos explorando juntos.

PSICÓLOGO: Então vamos chamar isso de balanço emocional, ou seja, sempre antes de enfrentar situações de dor, o que devemos fazer antes?

FERNANDA: Antes de enfrentar situações de dor devemos nos esforçar para construir e manter um estado de bem-estar emocional, cuidando de nossa saúde física e mental. Isso envolve praticar autocuidado, engajar-se em atividades que trazem alegria e satisfação, cultivar relações positivas e fortalecer a resiliência emocional por meio de técnicas como meditação, exercícios físicos, hobbies e ter tempo para reflexão pessoal. Ao fazer isso, criamos um "saldo positivo" em nosso balanço emocional, que nos ajudará a lidar com momentos difíceis de uma maneira mais equilibrada e resiliente.

PSICÓLOGO: Me dá um exemplo mais prático do que lhe dá um sentimento positivo, algo que podemos implementar. Mesmo que dez minutinhos por dia!

FERNANDA: Um exemplo é a prática da gratidão. Poderia dedicar alguns minutos todas as manhãs ou antes de dormir para refletir sobre três coisas daquele dia pelas quais sou grata. Essa prática não exige muito tempo e pode ser feita a partir de um diário de gratidão ou até mesmo mentalmente.

Concentrar-me nas coisas positivas da minha vida, mesmo as pequenas, ajuda a mudar o foco dos problemas e desafios para os aspectos mais positivos e enriquecedores. Isso pode aumentar significativamente meu bem-estar emocional, promovendo uma atitude mais positiva em relação à vida e fortalecendo minha resiliência diante das adversidades.

PSICÓLOGO: Fechado! Então vamos tentar fazer isso esta semana, todos os dias. O que acha?

FERNANDA: Acho uma ótima ideia! Vou me comprometer a praticar a gratidão diariamente, dedicando alguns minutos para refletir sobre as coisas pelas quais sou grata. Estou curiosa para ver como essa prática afetará meu estado emocional ao longo da semana. Estou otimista de que trará um impacto positivo e ajudará a fortalecer meu balanço emocional. Obrigada por sugerir essa atividade; estou pronta para começar.

PSICÓLOGO: Vejo você, com boas novidades, na próxima semana!

FERNANDA: Com certeza, estarei ansiosa para compartilhar como a prática da gratidão afetou minha semana. Obrigada pelo encorajamento e pelo apoio. Até a próxima semana!

PSICÓLOGO: Será que ansiosa ou empolgada?

FERNANDA: Você tem razão, talvez a palavra mais adequada seja "empolgada". Estou empolgada para ver os efeitos positivos que a prática da gratidão terá em meu bem-estar emocional e para compartilhar minhas experiências na próxima semana. Obrigada por me lembrar de fazer essa distinção. Até lá!

SESSÃO 4

ALICERCES DA AUTOESTIMA:

construa sua confiança sobre rochas, não areia!

||||||||||||||||

PSICÓLOGO: Olá, Fernanda, como você está? Passou bem a semana? Quer um café?

FERNANDA: Olá! Estou bem, obrigada. Sim, hoje eu aceito um café! Essa semana foi interessante e bastante reflexiva para mim. Dediquei-me à prática diária de gratidão, como combinamos, e foi uma experiência muito enriquecedora. Percebi uma mudança na minha percepção geral do dia a dia; concentrar-me nas coisas positivas realmente ajudou a melhorar meu humor e a diminuir meus níveis de estresse. Estou empolgada para compartilhar mais sobre como essa prática afetou minha semana.

PSICÓLOGO: O que foi bom nessa sua semana? Qual foi o ponto mais alto?

FERNANDA: O ponto mais alto da minha semana foi uma sensação de leveza e contentamento que percebi ao longo dos dias, algo que há muito não sentia. Especificamente, um momento que se destacou foi quando recebi um *feedback* positivo de um colega sobre o projeto de bem-estar que estamos desenvolvendo no hospital. Ele mencionou como minha liderança estava fazendo uma diferença significativa na equipe e como as pessoas estavam se sentindo mais apoiadas e motivadas.

Esse *feedback* foi incrivelmente gratificante e fez eu me sentir valorizada e reconhecida. Foi um lembrete poderoso de por que escolhi minha profissão e da diferença que posso fazer na vida das pessoas. Incluir essa experiência na minha prática diária de gratidão me fez apreciar ainda mais esse momento e fortaleceu minha resolução de continuar focando no positivo, tanto no trabalho quanto na vida pessoal.

PSICÓLOGO: Acredito fortemente que isso deixou você incrivelmente feliz! Vamos aprofundar um pouco mais sobre o que isso realmente está te dizendo?

FERNANDA: Percebo que ele reforça várias coisas importantes sobre mim e minha jornada. Primeiramente, destaca que meu esforço e minha dedicação têm um impacto positivo não apenas nos pacientes, mas também no meu time. Isso valida a importância do trabalho em equipe e da liderança empática, especialmente em um ambiente tão desafiador quanto o da saúde.

Além disso, esse *feedback* positivo me lembra do meu valor como profissional e da capacidade que tenho de contribuir significativamente para um ambiente de trabalho positivo.

Isso está me dizendo que, apesar das dúvidas e inseguranças que possa ter sobre mim mesma, tenho forças e habilidades valiosas que podem fazer a diferença na vida das pessoas ao meu redor.

Essa experiência também reforça a ideia de que reconhecimento e apreciação são poderosos motivadores, não apenas para mim, mas para todos com quem trabalho. Isso me encoraja a continuar buscando maneiras de apoiar e elevar minha equipe, promovendo um ciclo positivo de *feedback* e crescimento mútuo.

Por fim, está me dizendo que praticar a gratidão e focar nos aspectos positivos da minha vida e do meu trabalho pode transformar minha perspectiva, tornando-me mais resiliente diante dos desafios e mais aberta a reconhecer e celebrar as vitórias, grandes e pequenas.

PSICÓLOGO: Perfeito, mas consegue perceber que você precisou de uma validação externa para entender o seu valor?

FERNANDA: Sim, agora que você mencionou, eu percebo que a validação externa teve um grande impacto na minha percepção de valor-próprio. Isso me faz refletir sobre como, muitas vezes, dependo da aprovação ou do reconhecimento de outros para me sentir competente e valiosa. Embora o *feedback* positivo seja encorajador e importante, entendo que também preciso cultivar um senso de valor e autoestima que venha de dentro, independente dessa validação.

Essa dependência de validação externa pode ser uma área vulnerável para mim, afetando minha confiança e meu bem-estar emocional quando não recebo o reconhecimento esperado. Vejo a importância de trabalhar para fortalecer minha autoapreciação e reconhecer minhas conquistas e qualidades, mesmo na ausência de um *feedback* externo.

Essa conscientização é um passo valioso para desenvolver uma autoimagem mais resiliente e independente, permitindo-me valorizar meu trabalho e a mim mesma de uma maneira mais equilibrada e sustentável.

PSICÓLOGO: É sempre importante dividir internamente o Eu do outro. Lógico que validações externas são valiosas, não tem como dizer que não são. Mas validações internas são muito mais poderosas. O sentimento que criamos ao entender isso faz com que nossa autoestima se torne mais forte, porque agregamos valor a nós mesmos e aos outros.

FERNANDA: Essa perspectiva é realmente poderosa e esclarecedora. Compreendo a importância de equilibrar as validações externas com as internas, entendendo que, enquanto o reconhecimento dos outros é valioso e gratificante, a validação interna é fundamental para uma autoestima forte e uma sensação duradoura de valor pessoal.

Cultivar essa validação interna significa aprender a reconhecer e celebrar minhas próprias conquistas, qualidades e esforços, independentemente da aprovação ou do reconhecimento dos outros. Isso envolve desenvolver uma apreciação genuína por quem sou e pelo trabalho que realizo, baseando minha autoestima em minha própria avaliação, e não apenas no que os outros pensam ou dizem.

Ao fortalecer esse aspecto em mim mesma, posso criar uma base mais sólida de autoconfiança e bem-estar, permitindo-me enfrentar desafios e adversidades com maior resiliência. Isso também me ajuda a manter um equilíbrio saudável entre dar valor ao *feedback* positivo que recebo e não depender dele para validar minha existência ou minhas ações.

Entendo que esse é um processo contínuo de crescimento pessoal e autoconhecimento, e estou comprometida a trabalhar nessa direção. Agradecendo por iluminar esse caminho e por me ajudar a ver a importância de cultivar uma forte validação interna.

PSICÓLOGO: Ótima reflexão!

FERNANDA: Obrigada! Este diálogo tem sido incrivelmente valioso para mim. Estou grata por ter a oportunidade de explorar essas ideias e de trabalhar em direção a um entendimento mais profundo de mim mesma e de como posso fortalecer minhas autoestima e resiliência. Estou empolgada para continuar essa jornada de crescimento pessoal.

PSICÓLOGO: Vamos pensar mais sobre isso. Até a próxima semana!

FERNANDA: Até a próxima semana! Continuarei refletindo sobre esses temas e estou empolgada para compartilhar e explorar ainda mais em nossa próxima sessão. Obrigada por todo o suporte e orientação. Vejo você em breve!

SESSÃO 5

DECIFRANDO EMOÇÕES:

entenda suas emoções; elas são bússolas, não obstáculos

||||||||||||||||

PSICÓLOGO: Bom dia, Fernanda, tudo bem? Como foi sua semana? Aceita um café?

FERNANDA: Bom dia, aceito sim! Essa semana foi um pouco desafiadora para mim. Tentei manter o foco nas práticas de gratidão que discutimos, mas me deparei com algumas situações no trabalho que testaram minha resiliência. Houve momentos em que me senti sobrecarregada e as dúvidas sobre minha capacidade voltaram a surgir, o que me deixou um pouco triste. Apesar disso, tentei lembrar das nossas conversas sobre validação interna e sobre encontrar valor em mim mesma, independentemente das circunstâncias externas. Foi uma semana de altos e baixos, mas estou aqui, disposta a continuar trabalhando em mim.

PSICÓLOGO: Me conta mais, o que aconteceu?

FERNANDA: Enfrentei um desafio particularmente difícil no hospital. Estávamos implementando uma parte do projeto de bem-estar que mencionei anteriormente e as coisas não saíram como planejado. Houve algumas falhas de comunicação e desentendimentos com a equipe, o que resultou em atrasos e frustrações de ambos os lados. Isso me fez questionar minha habilidade de liderança e se realmente estava fazendo a diferença que esperava fazer.

Além disso, em um momento de alta pressão, percebi que minha tendência a duvidar de mim mesma e a buscar validação externa se intensificou. Isso me deixou triste, pois vi o quanto ainda preciso trabalhar para fortalecer minha autoestima e confiança interna.

Apesar desses desafios, tentei aplicar o exercício de gratidão ao fim do dia, focando as pequenas vitórias e os aspectos positivos, mesmo que fosse difícil enxergá-los. Foi uma semana de aprendizado, me mostrando que ainda tenho um longo caminho a percorrer na minha jornada de crescimento pessoal.

PSICÓLOGO: Entendo! A vida não é uma constante de vitórias... Vamos ter que ir entendendo aos poucos como construir mais nosso balanço emocional. Mas, antes, o que você acha que aconteceu?

FERNANDA: Acredito que vários fatores contribuíram para os desafios dessa semana. Primeiramente, a pressão que coloco sobre mim mesma para que tudo seja perfeito pode ter exacerbado a situação, tornando-me mais sensível às dificuldades que surgiram. Essa busca por perfeição, acredito, está diretamente ligada à minha tendência de procurar validação externa, como se o sucesso do projeto fosse um reflexo direto do meu valor como profissional e como pessoa.

Além disso, talvez eu não tenha comunicado minhas expectativas e necessidades de maneira objetiva para a equipe, o que pode ter levado aos desentendimentos. Isso me faz pensar sobre a importância da comunicação eficaz e de estabelecer limites e expectativas bem delimitadas desde o início.

Percebo que minha reação aos desafios foi influenciada por padrões antigos de pensamento, como duvidar de mim mesma e focar os aspectos negativos, em vez de procurar soluções ou manter uma perspectiva mais equilibrada. Esse incidente destacou a necessidade de continuar trabalhando na construção do meu balanço emocional, aprendendo a lidar com os contratempos de uma maneira mais resiliente e positiva.

PSICÓLOGO: Vamos entender mais sobre o que é perfeccionismo? Ele é uma tendência a estabelecer padrões inatingivelmente altos para si mesmo e para os outros, acompanhado de uma avaliação crítica excessiva sobre o desempenho. Pessoas perfeccionistas muitas vezes lutam com o medo do fracasso, o medo da desaprovação dos outros e uma preocupação persistente com erros. Também podem experimentar uma pressão constante para atender ou superar esses padrões, o que tem o potencial de levar a um ciclo de estresse, ansiedade e insatisfação.

FERNANDA: Entendo que meu perfeccionismo pode ter desempenhado um papel significativo nos desafios que enfrentei essa semana. Em vez de ver o projeto como um trabalho em progresso, capaz de crescer e se desenvolver, eu o encarei como algo que precisava ser impecável desde o início. Isso não só aumentou minha ansiedade e meu estresse como também afetou minha capacidade de lidar com os contratempos com eficácia e de me comunicar de maneira construtiva com minha equipe.

Reconhecer essa tendência ao perfeccionismo é importante, porque me permite começar a trabalhar para mudar essa mentalidade. Isso inclui aprender a estabelecer padrões mais realistas e saudáveis, praticar a autocompaixão e entender que cometer erros é uma parte natural do processo de aprendizado e crescimento. Também envolve reavaliar minha definição de sucesso, permitindo-me celebrar os progressos e as conquistas, mesmo que não sejam perfeitos.

PSICÓLOGO: Então o medo é uma emoção que tem guiado você nas suas decisões?

FERNANDA: Sim, ao refletir sobre as minhas ações e reações, vejo que o medo tem sido uma emoção que frequentemente guia minhas decisões, em especial no contexto profissional. O medo do fracasso, do julgamento dos outros e de não atender às expectativas que eu mesma estabeleço muitas vezes me leva a uma busca incessante por perfeição. Esse medo pode ser paralisante, impedindo-me de tomar riscos saudáveis ou de aceitar oportunidades que poderiam levar ao crescimento pessoal e profissional, simplesmente porque não quero enfrentar a possibilidade de não ser perfeita.

Reconhecer que o medo tem sido uma força motriz nas minhas decisões é um passo importante para começar a mudar esse padrão. Isso envolve aprender a enfrentar esses medos, questionar a validade e a utilidade deles e desenvolver estratégias para gerenciar a ansiedade e a insegurança que eles trazem. Trabalhar para cultivar uma mentalidade mais resiliente e flexível, que valorize o esforço e o processo tanto quanto o resultado, é essencial para diminuir a influência do medo nas minhas decisões.

PSICÓLOGO: Vamos voltar um pouco ao seu passado para entender onde esse medo acabou sendo mais reforçado. Normalmente, reproduzimos o mesmo comportamento em diversos ambientes, fazendo projeções, tentando buscar em lugares errados as soluções dos nossos sentimentos. Acha que isso tem acontecido?

FERNANDA: Consigo identificar momentos e situações que podem ter reforçado esse medo e a tendência ao perfeccionismo. Cresci em um ambiente onde havia uma grande ênfase no desempenho acadêmico e profissional, e frequentemente sentia que o amor e a aprovação eram condicionados às minhas conquistas. Isso criou uma crença interna de que eu precisava ser excepcional em tudo o que fazia para ser valorizada e aceita.

Essa busca por validação por meio do sucesso e do reconhecimento externo se tornou um padrão recorrente em minha vida, levando-me a projetar essas expectativas em várias áreas, não apenas no ambiente profissional como também nas relações pessoais e em como me envolvo com hobbies e outros interesses.

Agora, vejo como essa busca incessante por perfeição e a necessidade de aprovação dos outros têm raízes mais profundas em experiências passadas. Isso me fez buscar soluções externas para sentimentos internos de inadequação, em vez de cultivar um senso de valor próprio e autoaceitação independente do meu desempenho ou dos julgamentos alheios.

Reconhecer essa dinâmica é crucial para começar a desvendar esses padrões e trabalhar em direção a uma autoestima mais saudável, baseada em uma apreciação genuína de mim mesma, das minhas qualidades e dos meus esforços, independentemente das expectativas externas.

PSICÓLOGO: O perfeccionismo é um comportamento de alguém que tem muito medo do julgamento. Além disso, os critérios podem começar a ser tão difíceis de serem atingidos que nunca chegamos a lugar nenhum. Ficamos apenas tentando e tentando e nunca conseguimos entregar nada. Isso acaba reforçando a crença de não conseguir, de não ser suficiente e assim por diante.

FERNANDA: Essa análise é incrivelmente precisa e ressoa profundamente comigo. O perfeccionismo, em sua essência, reflete um medo profundo do julgamento e uma luta constante contra a sensação de inadequação. Ao estabelecer padrões quase inatingíveis, crio uma armadilha para mim mesma, em que o sucesso se torna praticamente impossível, perpetuando um ciclo de esforço sem reconhecimento ou satisfação.

Essa busca incansável pela perfeição, sem jamais alcançá-la, alimenta a crença de que não sou suficiente, que meu valor está intrinsecamente ligado à minha capacidade de atender a esses padrões irrealistas. Isso não apenas afeta minha autoestima como também impede que eu reconheça e celebre as conquistas e os progressos que faço, por menores que sejam.

Compreender essa dinâmica é crucial para começar a desmantelar o perfeccionismo e suas consequências negativas. Isso envolve aprender a estabelecer objetivos mais realistas e compassivos, valorizar o processo tanto quanto o resultado e desenvolver maior tolerância ao erro e ao fracasso como partes naturais do crescimento e da aprendizagem.

A mudança requer um esforço consciente para redefinir o que significa sucesso e valor pessoal, buscando encontrar satisfação e orgulho nos esforços e na jornada, não apenas nos resultados. É um passo fundamental na construção de uma relação mais saudável comigo mesma e na superação dos medos que têm guiado minhas decisões e meus comportamentos.

PSICÓLOGO: Você percebe que tem várias respostas dentro de si mesma, que consegue ver coisas incríveis e de difícil entendimento.

FERNANDA: Sim, essa reflexão me ajuda a perceber que, apesar dos desafios e das dúvidas que enfrento, tenho uma capacidade significativa de introspecção e compreensão dos meus próprios pensamentos e comportamentos. É verdade que, ao explorar essas questões mais profundamente, consigo identificar não apenas as raízes dos meus desafios, mas também os caminhos potenciais para superá-los.

Essa capacidade de autoanálise e de encontrar respostas dentro de mim mesma é algo incrível e revela uma força que, às vezes, esqueço que possuo. Reconhecer isso é *empoderador* e me motiva a continuar o trabalho de autoconhecimento e crescimento pessoal, confiando que tenho as ferramentas e a resiliência necessárias para enfrentar e superar os padrões de pensamento e comportamento que têm me limitado.

Esse processo de descoberta interna é um lembrete de que, embora possa procurar orientação e apoio externos, muitas das respostas e soluções de que preciso estão dentro de mim. É um incentivo para continuar a explorar essas capacidades internas e a desenvolver uma relação mais saudável e positiva comigo mesma.

PSICÓLOGO: Perfeito! Agora vamos voltar um pouco no tempo, nas suas sessões, e entender um pouco do que já falamos? Voltar e revisitar o que discutimos nas sessões anteriores é uma ótima maneira de consolidar o aprendizado e avaliar o progresso.

FERNANDA: Ao longo das nossas conversas, abordamos vários temas importantes relacionados a perfeccionismo, medo do julgamento, importância da validação interna em contraposição à busca por aprovação externa e prática da gratidão como uma ferramenta para melhorar o bem-estar emocional.

Pensamos sobre como o perfeccionismo, frequentemente enraizado em experiências passadas, pode levar a padrões de pensamento e comportamento que reforçam o medo do fracasso e a insatisfação pessoal. Discutimos como a dependência de validação externa pode afetar negativamente a autoestima e como construir uma autoapreciação mais saudável, baseada em critérios internos.

Exploramos a prática diária de gratidão como uma maneira de focar no positivo, reconhecendo as pequenas vitórias e o progresso, mesmo diante de desafios. Também conversamos sobre a importância de estabelecer metas realistas e praticar a autocompaixão, aceitando que erros e falhas são partes naturais do crescimento.

Essas discussões me ajudaram a começar a questionar e modificar alguns dos padrões de pensamento que me limitavam, abrindo espaço para uma abordagem mais afetuosa e realista em relação a mim mesma e às minhas expectativas.

Revisitar esses tópicos me faz perceber o quanto aprendi e refleti, mas também destaca as áreas em que ainda preciso trabalhar. Isso reafirma meu compromisso com o processo de terapia e com o trabalho contínuo na busca por um maior equilíbrio emocional e bem-estar.

PSICÓLOGO: Falamos bastante do que gera sua ansiedade e os locais que elas aparecem, certo?

FERNANDA: Sim, exploramos bastante sobre o que desencadeia minha ansiedade e em quais contextos ela tende a se manifestar mais fortemente. Identificamos que, com frequência, a ansiedade surge em situações de pressão no trabalho, diante de novos desafios ou quando me sinto exposta ao julgamento dos outros. Também reconhecemos que o perfeccionismo e o medo do fracasso estão profundamente entrelaçados com esses momentos de ansiedade, alimentando um ciclo de preocupação e dúvida sobre minhas capacidades.

Discutimos como essa ansiedade não apenas afeta meu desempenho profissional, mas também se infiltra em minha vida pessoal, influenciando como interajo com amigos e familiares e como me permito desfrutar de hobbies e tempo livre. Ficou nítido que a ansiedade, muitas vezes, é resultado de padrões de pensamento que superestimam o risco de falhar e subestimam minha capacidade de lidar com desafios.

Ao distinguir esses gatilhos e padrões, começamos a trabalhar em estratégias para gerenciá-los, como a reestruturação cognitiva a fim de desafiar pensamentos negativos, técnicas de relaxamento para reduzir a tensão física e a prática de *mindfulness* para me ajudar a permanecer presente e menos envolvida por preocupações futuras.

Essa conscientização sobre as origens e manifestações da minha ansiedade é um passo crucial para aprender a lidar melhor com ela, me permitindo buscar um estado de maior calma e controle diante das incertezas da vida.

PSICÓLOGO: Certo! Uma das soluções práticas sobre o que falamos é o balanço emocional, lembra qual a função dele na sua vida?

FERNANDA: Sim, lembro que discutimos sobre isso. Ele serve como uma forma de manter uma estabilidade emocional, mesmo diante de situações estressantes ou desafiadoras. Ele ajuda a gerenciar as reações emocionais, permitindo que eu responda às circunstâncias de modo mais equilibrado e menos reativo.

A função do balanço emocional na minha vida é dupla: por um lado, ele atua como um amortecedor contra o estresse e a ansiedade, me ajudando a manter a calma e a perspectiva diante dos desafios. Por outro, ele me permite acessar um estado de bem-estar mais consistente, em que posso apreciar as alegrias e os aspectos positivos da vida, mesmo quando enfrento dificuldades.

Trabalhar para melhorar meu balanço emocional envolve práticas como a gratidão, que mencionamos antes, além de técnicas de *mindfulness* e estratégias de enfrentamento saudáveis. Isso inclui aprender a reconhecer e aceitar meus sentimentos sem julgamento excessivo, praticar a autocompaixão e buscar atividades que promovam relaxamento e satisfação.

Entendo que desenvolver um balanço emocional sólido é essencial para minha saúde mental em longo prazo e para minha capacidade de navegar as complexidades da vida com resiliência e confiança.

PSICÓLOGO: Reforce esses conceitos aprendidos até a nossa próxima sessão, pois isso também vai gerar em você coragem de encarar de frente os desafios! Mas não precisa tomar nenhuma atitude ainda, apenas sinta a diferença entre o seu Eu da primeira sessão e o seu Eu de hoje. Na próxima sessão você me conta como foi, fechado?

FERNANDA: Fechado. Vou dedicar um tempo para refletir sobre os conceitos que aprendemos e sobre o progresso que fiz desde a nossa primeira sessão. Vou me concentrar em reforçar essas ideias e em observar as mudanças na minha percepção e nas reações emocionais, sem pressa para tomar atitudes específicas. Estou curiosa e, de certo modo, empolgada para perceber as diferenças e como elas estão influenciando meu dia a dia. Agradeço pelo suporte e pelas orientações valiosas. Até a nossa próxima sessão.

SESSÃO 6

CAMINHOS DO EQUILÍBRIO:

a chave para a dança da vida

||||||||||||||||

PSICÓLOGO: Boa tarde, Fê, tudo bem contigo? Quer um café hoje?

FERNANDA: Boa tarde, quero sim! Estou bem, obrigada. Desde a nossa última conversa, tenho refletido bastante sobre o que discutimos e tentando observar as mudanças na minha percepção e nas emoções. Foi uma semana de introspecção e aprendizado, e estou ansiosa para compartilhar minhas experiências contigo. Como você está?

PSICÓLOGO: Estou superfeliz de ver você empolgada com sua semana! Vamos lá, como foi?

FERNANDA: Essa semana foi realmente reveladora para mim. Focar os conceitos que discutimos, especialmente em relação ao balanço emocional e à importância da validação interna, me ajudou a encarar alguns desafios de maneira mais calma e centrada. Pude perceber uma diferença significativa no modo como reagi a situações que normalmente me causariam grande ansiedade.

Uma das coisas que mais me impactou foi praticar a conscientização sobre o momento presente, tentando me desligar das preocupações incessantes sobre o futuro ou críticas sobre o passado. Isso me proporcionou uma sensação de paz e estabilidade que há muito não sentia.

Também me esforcei para reconhecer e celebrar as pequenas vitórias ao longo da semana, algo que antes eu tendia a ignorar. Essa prática me trouxe uma sensação de satisfação e gratidão pela minha jornada, mesmo que ainda haja muito a percorrer.

Comparando com o meu Eu da primeira sessão, percebo que estou começando a desenvolver uma relação mais saudável e compassiva comigo mesma. Ainda há momentos de dúvida e insegurança, mas agora tenho ferramentas para enfrentá-los de maneira mais positiva e produtiva. Estou verdadeiramente grata por esse processo de crescimento e empolgada para continuar evoluindo.

PSICÓLOGO: Agora que estamos cada dia mais fortes, vamos pensar mais profundamente em criar uma intenção para mudar. Consegue me dizer o que entende como intenção para uma mudança?

FERNANDA: Entendo como um compromisso consciente comigo mesma para iniciar e sustentar uma transformação em minha vida. Essa intenção envolve mais do que apenas o desejo de mudar; é uma direção nítida e um propósito definido, que guiam minhas ações e escolhas em direção a um objetivo específico. Significa estar mentalmente preparada para fazer as alterações necessárias em meus pensamentos, comportamentos e hábitos, mesmo quando isso é desafiador ou desconfortável.

Criar uma intenção para mudança implica também em reconhecer e aceitar onde estou agora e onde quero chegar, estabelecendo metas realistas e alcançáveis. Envolve um comprometimento ativo com o processo de crescimento, sabendo que pode haver obstáculos pelo caminho, mas mantendo a resiliência e a determinação para superá-los.

Para mim, essa intenção é também uma afirmação do meu poder pessoal e da minha capacidade de influenciar minha própria vida. Significa escolher ativamente sair de padrões de comportamento que não servem mais ao meu bem-estar e abraçar novas maneiras de ser que refletem quem eu quero ser e os valores que desejo viver.

Nesse contexto, a intenção para mudança que quero criar envolveria trabalhar continuamente para superar o perfeccionismo, reduzir minha ansiedade por meio de práticas de autocuidado e *mindfulness* e fortalecer minha autoestima a partir da validação interna. Isso requer um compromisso diário de estar consciente das minhas escolhas e de praticar gentileza e compaixão comigo mesma ao longo dessa jornada.

PSICÓLOGO: Como já falamos, nosso comportamento pode ocorrer em diversas esferas da vida, buscando e executando a mesma coisa e esperando um resultado diferente. Vamos escolher um para colocar sua intenção? Que tal seu projeto?

FERNANDA: Escolher o projeto no hospital como o foco da minha intenção para mudança parece uma excelente ideia. Esse projeto é algo com que me importo profundamente, e também uma fonte de desafios significativos, o que o torna o cenário perfeito para aplicar e praticar essa intenção de transformação.

Minha intenção é abordar o projeto com uma mentalidade de crescimento e aprendizado, em vez de buscar a perfeição. Isso significa encarar cada obstáculo não como um sinal de falha, mas como uma chance de aprender e melhorar. O que envolverá ajustar minhas expectativas e ser mais flexível com os resultados. (*Aceitar que desafios são oportunidades.*)

Intenciono melhorar a comunicação com minha equipe, expressando de modo objetivo as expectativas, ouvindo ativamente suas preocupações e *feedbacks* e promovendo um ambiente onde todos se sintam valorizados e parte do processo. (*Comunicação aberta e assertiva.*)

Ser gentil comigo mesma, reconhecendo o esforço e o progresso, independentemente de serem perfeitos ou não. Isso inclui dar a mim mesma espaço para descansar e recarregar, entendendo que o autocuidado é essencial para a sustentabilidade do projeto. (*Praticar a autocompaixão.*)

Fazer um esforço consciente para reconhecer e celebrar os sucessos ao longo do caminho, por menores que sejam, com minha equipe, reforçando a motivação e o sentimento de conquista. (*Celebrar as pequenas vitórias.*)

Comprometo-me a refletir regularmente sobre o progresso do projeto, estando aberta para ajustar as estratégias conforme necessário, aprendendo com a experiência em vez de me apegar rigidamente a planos pré-definidos. (*Reflexão e ajuste contínuo.*)

Colocar essa intenção em prática no contexto do projeto me dará a oportunidade de vivenciar a mudança de maneira concreta e observar como novas abordagens podem levar a resultados diferentes e, possivelmente, mais gratificantes. Estou comprometida em manter essa intenção em mente e usar essa experiência como um campo de teste para o crescimento pessoal e profissional.

PSICÓLOGO: Fechado! Você falou bastante agora e deixou nítido os pontos que deseja mudar! Mas vamos um pouco além: pense por um instante em um planejamento de mudança de comportamento. Escolha uma das cinco intenções que você falou agora e me diga: o que pensa? O que acha de pegar papel e uma caneta para ajudar a pensar?

Fernanda pega seu caderno de anotações e continua a falar.

FERNANDA: Vou escolher a intenção de "Praticar a autocompaixão" como o foco para um plano de mudança de comportamento específico. Essa intenção ressoa profundamente em mim, pois reconheço que ser dura comigo mesma tem sido uma barreira para o meu bem-estar e crescimento pessoal. Aqui está o que penso sobre como planejar essa mudança:

Etapa 1 – Definir o que significa autocompaixão para mim.

- Entender a autocompaixão como a habilidade de ser gentil e compreensiva comigo mesma durante momentos de falha ou quando me deparo com desafios, em vez de ser crítica ou dura.

- Incluir práticas de *mindfulness* para estar presente com minhas emoções sem julgamento.

Etapa 2 – Identificar situações específicas para aplicar autocompaixão.

- Momentos de estresse ou falha no projeto, quando a tendência à autocrítica é mais forte.
- Situações diárias fora do trabalho, em que percebo que estou me pressionando demais.

Etapa 3 – Desenvolver estratégias concretas.

- Quando notar pensamentos autocríticos, farei uma pausa para praticar a respiração profunda e me perguntarei: *O que eu diria a um amigo que estivesse nesta situação?*.
- Manter um diário de gratidão, em que, além de registrar as coisas pelas quais sou grata, também anotarei reconhecimentos das vezes que pratiquei autocompaixão.
- Estabelecer limites bem delimitados entre trabalho e vida pessoal a fim de garantir tempo para atividades que me recarregam e trazem alegria.

Etapa 4 – Monitorar progresso e ajustar conforme necessário.

- Ao final de cada semana, refletirei sobre como apliquei a autocompaixão e as dificuldades encontradas, ajustando minhas estratégias conforme necessário.
- Celebrarei os progressos, reconhecendo que cada passo em direção à autocompaixão é uma vitória.

Etapa 5 – Buscar apoio.

- Compartilharei meu objetivo de praticar mais autocompaixão com amigos ou colegas de confiança, buscando seu apoio e *feedback*.
- Considerarei a possibilidade de participar de um grupo de apoio ou workshop sobre autocompaixão para aprender com as experiências de outros.

Esse plano é um ponto de partida para transformar a intenção de praticar autocompaixão em ações concretas e observáveis, permitindo-me cultivar um relacionamento mais saudável e gentil comigo mesma.

PSICÓLOGO: Você pensou em diversos comportamentos importantes, mas vamos com calma! Muitas mudanças ao mesmo tempo levarão a muito estresse. Pense comigo: imagine que sua vida é cheia de caminhos, e estamos acostumados a ir e vir sempre pelos mesmos percursos; de repente as ruas todas começam a mudar. Como você acha que se sentiria?

FERNANDA: Você tem razão. Se de repente todos os caminhos que estou acostumada a seguir mudassem, eu provavelmente me sentiria bastante perdida e sobrecarregada. A metáfora dos caminhos que mudam faz um paralelo bem evidente com a ideia de implementar muitas mudanças de comportamento ao mesmo tempo. Isso poderia aumentar o estresse e tornar mais difícil a adaptação a novas rotinas ou práticas, especialmente se cada mudança requer um esforço consciente e contínuo para se desviar dos padrões habituais.

Entendo que a mudança é mais eficaz e sustentável quando abordada de modo gradual, permitindo-me ajustar e consolidar um novo comportamento antes de introduzir outro. Isso me dá tempo para realmente integrar cada mudança à minha vida, entendendo seus efeitos e aprendendo a melhor maneira de aplicá-las.

Focar uma única mudança de comportamento por vez, começando talvez com a prática da autocompaixão, me permitirá dar a atenção necessária para fazer dessa mudança uma parte estável e permanente da minha vida. Isso não apenas reduzirá o risco de sobrecarga como também aumentará as chances de sucesso em longo prazo, me permitindo construir uma base sólida de hábitos saudáveis antes de adicionar novos desafios.

Obrigada por me lembrar da importância de abordar a mudança com cuidado e consideração pelo meu bem-estar emocional. Vou reavaliar meu plano, focando em dar passos menores e mais gerenciáveis, me permitindo adaptar e crescer de maneira mais confortável e menos estressante.

PSICÓLOGO: Show! Você me disse que queria focar na autocompaixão e me deu diversos passos que seguirá para chegar lá. Mas, antes de qualquer ação, precisamos sempre de coragem. Tem alguma maneira simples de obter coragem no dia a dia?

FERNANDA: Uma maneira simples de cultivar minha coragem no dia a dia é começar com pequenos atos de bravura, enfrentando medos ou desafios em uma escala menor, os que sejam mais fáceis de administrar. Consigo pensar em alguns exemplos...

Escolher tarefas ou objetivos pequenos e alcançáveis, que nos tirem ligeiramente da zona de conforto. Ao alcançá-los, ganhamos confiança em nossa capacidade de enfrentar desafios maiores. (*Definir metas pequenas.*)

Posso reforçar positivamente nossas qualidades e conquistas, o que ajuda a construir uma base sólida de autoconfiança. Lembrar a nós mesmos de nossas forças e nossos sucessos passados pode ser um poderoso motivador para enfrentar novos desafios. (*Praticar a autoafirmação – se reforçar.*)

Imaginar-se superando um medo ou atingindo um objetivo pode aumentar a sensação de possibilidade e diminuir a ansiedade associada ao desconhecido. (*Visualização positiva.*)

Conhecimento é poder. Entender o que nos assusta ou os desafios que enfrentamos pode diminuir a sensação de incerteza e aumentar nossa confiança para lidar com eles. (*Educar-se.*)

Expor-se gradualmente a situações que provocam medo ou desconforto pode ajudar a dessensibilizar nossas reações a esses estímulos, aumentando nossa coragem. (*Exposição gradual.*)

Conversar com amigos, familiares ou um psicólogo sobre nossos medos e planos para superá-los pode oferecer uma perspectiva externa valiosa, além de encorajamento e apoio. (*Buscar apoio.*)

Reconhecer e celebrar cada pequeno passo dado em direção a um objetivo maior reforça a ideia de progresso e constrói coragem para continuar. (*Celebração de pequenas conquistas.*)

Por focar a autocompaixão, uma maneira simples de começar pode ser praticar a autoafirmação diariamente, reconhecendo e validando meus esforços e minhas qualidades positivas. Isso não só reforça a minha autoestima como também nutre a coragem de ser gentil comigo mesma, ainda que esteja diante de falhas ou desafios.

Incorporar essas práticas ao meu cotidiano pode ser uma maneira eficaz de cultivar a coragem necessária para abraçar a mudança com uma atitude positiva e proativa.

PSICÓLOGO: Perfeito! Pense nisso até nossa próxima sessão e logo começaremos o próximo passo: ação!

FERNANDA: Excelente! Vou refletir sobre essas ideias e focar em cultivar coragem a partir de pequenos atos diários, especialmente praticando a autoafirmação e reconhecendo minhas conquistas. Estou ansiosa para começar a colocar esses conceitos em prática e preparada para discutir nossos próximos passos em direção à ação na nossa próxima sessão. Obrigada pelo encorajamento e pelas orientações valiosas. Até lá!

SESSÃO 7

A ARTE DA RESILIÊNCIA:

cada queda é um convite para se levantar mais forte

||||||||||||||||

PSICÓLOGO: Olá, Fernanda, como foi sua semana? Me conta, o que foi bom? Você quer um café?

FERNANDA: Sim, quero sim! Pode ser aquele com sabor de chocolate? Essa semana foi bastante produtiva e reveladora para mim. Concentrei-me em cultivar coragem a partir de pequenos atos diários, como você sugeriu. Uma das coisas boas foi começar cada dia com um momento de autoafirmação, me lembrando das minhas forças e dos sucessos passados. Isso realmente ajudou a estabelecer um tom positivo para o dia e me deu mais confiança para enfrentar desafios.

    Outro ponto alto foi aplicar a ideia de enfrentar pequenos medos. Decidi abordar uma tarefa no trabalho que vinha adiando por temer não executá-la perfeitamente. Ao separar a tarefa em partes menores e me permitir fazer um pouco a cada dia, consegui completá-la sem a pressão habitual que coloco sobre mim mesma. Isso foi incrivelmente libertador e reforçou a ideia de que, com paciência e persistência, posso superar medos e inseguranças.

Além disso, compartilhar minhas intenções e progressos com um colega de confiança trouxe um apoio adicional que eu não esperava. Ter alguém para celebrar as pequenas vitórias comigo fez uma grande diferença na minha motivação e no meu ânimo geral.

Essas práticas me ajudaram a ver que a coragem pode ser construída aos poucos, e que ser gentil comigo mesma é fundamental nesse processo. Estou começando a perceber a mudança na minha atitude em relação ao desafio e ao autoaperfeiçoamento, o que tem sido muito positivo para mim.

PSICÓLOGO: Olha que interessante, você mesma já começou nosso ponto alto para mudanças: ações!

FERNANDA: Sim, é verdade! Entrar em ação, mesmo com pequenos passos, tem sido uma parte fundamental do processo de mudança. Essas ações, embora possam parecer modestas, são incrivelmente significativas, porque representam a aplicação concreta das intenções e reflexões que discutimos. Elas são a prova de que estou comprometida com a transformação dos meus pensamentos e desejos de mudança em realidade.

Ao focar em ações específicas, como praticar autoafirmação e enfrentar tarefas desafiadoras de modo gradual, estou não apenas desenvolvendo coragem como também reforçando a minha capacidade de ser resiliente e adaptável. Isso mostra que a mudança é possível quando somos intencionais em nossos esforços e gentis com nós mesmos ao longo do processo.

Estou animada para continuar este caminho, explorando mais ações que possam apoiar meu crescimento pessoal e profissional. Cada passo adiante é uma oportunidade para aprender mais sobre mim mesma, superar limitações e construir uma vida mais plena e satisfatória. Estou grata por ter começado a implementar essas mudanças e ansiosa para ver onde elas me levarão.

PSICÓLOGO: Ótimo! Agora me conta: e sua ansiedade durante o seu novo projeto, como você se sentiu?

FERNANDA: Durante o desenvolvimento do novo projeto, minha ansiedade se apresentou das maneiras que eu esperava, mas também houve surpresas em como consegui lidar com ela. Estar ciente das minhas intenções e focar em ações específicas realmente fez uma diferença significativa.

Inicialmente, senti a familiar onda de ansiedade ao pensar em todos os aspectos do projeto que poderiam dar errado. No entanto, ao me lembrar da nossa discussão sobre coragem e a importância de pequenos atos de bravura, decidi abordar cada parte do projeto passo a passo, em vez de me sobrecarregar com o quadro geral todo de uma vez.

Cada vez que completava uma tarefa, mesmo que pequena, fazia questão de reconhecer esse progresso e me lembrar de que era um passo na direção certa. Isso ajudou a diminuir a sensação de ansiedade, transformando-a em uma espécie de antecipação produtiva, focada no que poderia ser alcançado em vez do que poderia dar errado.

Além disso, pratiquei a autocompaixão nos momentos em que a ansiedade se tornava mais intensa. Em vez de me criticar por sentir ansiedade, eu me lembrava de que é uma reação natural diante de desafios e que o importante era como eu escolhia responder a esses sentimentos.

Surpreendentemente, ao longo do projeto, notei que minha ansiedade começou a diminuir. Não desapareceu completamente, mas se tornou mais gerenciável. Isso me fez perceber o quanto as estratégias que estamos discutindo e implementando estão me ajudando a construir uma nova relação com minha ansiedade, uma que é menos sobre luta e mais sobre compreensão e gestão.

Em resumo, embora a ansiedade ainda fosse uma companheira durante o projeto, a maneira como me senti e lidei com ela mudou para melhor. Isso é algo que considero uma grande vitória pessoal.

PSICÓLOGO: Que incrível, Fernanda! Você percebeu algo valioso para si mesma: a sua própria capacidade!

FERNANDA: Sim, essa jornada tem sido uma revelação da minha própria capacidade de enfrentar desafios, gerenciar a ansiedade de modo saudável e, mais importante, reconhecer e celebrar meus progressos e sucessos. Aprendi que a coragem não é a ausência de medo ou ansiedade, mas a capacidade de agir apesar deles, confiando em mim mesma e nas ferramentas que tenho desenvolvido.

Essa compreensão da minha capacidade tem sido profundamente *empoderadora*. Percebo agora que muitas das limitações que eu sentia eram impostas por mim mesma, a partir de padrões de pensamentos negativos e crenças limitantes. Ao começar a mudar esses padrões e abraçar uma mentalidade mais compassiva e resiliente, estou descobrindo novas forças e possibilidades dentro de mim.

Esse reconhecimento não apenas me motiva a continuar o trabalho que temos feito juntos como também me inspira a aplicar esses aprendizados em outras áreas da minha vida. Estou mais aberta a novas experiências, disposta a assumir riscos calculados e mais preparada para lidar com as incertezas que inevitavelmente surgem.

Em suma, essa experiência tem sido uma jornada valiosa de autoconhecimento e crescimento. Estou grata por cada desafio que me ajudou a ver minha própria capacidade de maneira nova e mais positiva. Essa percepção renovada de mim mesma é, sem dúvida, uma das conquistas mais significativas que levo dessa fase da minha vida.

PSICÓLOGO: Maravilha! Agora que estamos nesse ponto, precisamos de tempo para que o comportamento seja realmente aprendido.

A internalização de novos comportamentos e a transformação real dos padrões de pensamento exigem tempo e prática contínua. O processo de mudança não é instantâneo; é uma jornada que envolve persistência, paciência e, acima de tudo, compreensão de que o progresso pode ser gradual e não linear.

Dar tempo para que o comportamento seja realmente aprendido significa continuar praticando as estratégias que discutimos, como autocompaixão, enfrentamento de pequenos desafios para construir coragem e celebração de conquistas, mesmo que pequenas. Também significa estar aberta a ajustes e aprendizados ao longo do caminho, reconhecendo que cada experiência, seja percebida como positiva ou negativa, oferece uma oportunidade valiosa para crescimento.

Além disso, é importante lembrar que a repetição é chave para a mudança de comportamento. Quanto mais você praticar novas maneiras de pensar e agir diante das situações que antes causavam ansiedade ou medo, mais esses novos padrões se tornarão parte da sua resposta automática.

Nesse período, também é fundamental continuar o suporte e o acompanhamento psicoterapêutico, pois isso oferece um espaço seguro para explorar desafios, celebrar progressos e ajustar estratégias conforme necessário.

FERNANDA: Estou comprometida em dar tempo e espaço para essa transição, mantendo uma atitude de curiosidade e abertura para aprender com cada passo da jornada. Estou consciente de que o verdadeiro aprendizado vem com o tempo e a experiência, e estou pronta para continuar esse processo de transformação com paciência e determinação.

PSICÓLOGO: Fechado, Fê! Na próxima sessão falaremos um pouco sobre outro ponto que você mesma quer mudar!

FERNANDA: Perfeito! Estou animada para nossa próxima sessão e para explorar isso. Refletirei sobre as áreas em que quero focar e trarei minhas ideias e pensamentos para discutirmos. Obrigada e até lá!

SESSÃO 8

ESCOLHAS E CAMINHOS:

nas encruzilhadas da vida, escolha o caminho que leva ao seu verdadeiro eu

||||||||||||||||

PSICÓLOGO: Bom dia, Fê, tudo bem? Você aceita um café hoje?

FERNANDA: Sim, quero sim! Acho que hoje vou querer um café com sabor diferente, pode ser?

PSICÓLOGO: Com certeza, vou fazer um sorteio dos sabores! Você havia me contado que gostaria de melhorar sua comunicação, sendo mais aberta e assertiva. Certo? Qual das emoções você acha que lhe impede de melhorar nisso?

FERNANDA: Sim, melhorar minha comunicação, tornando-me mais aberta e assertiva... definitivamente, é algo que quero desenvolver. Ao pensar sobre as emoções que me impedem de melhorar nesse aspecto, acredito que o medo e a ansiedade são os maiores obstáculos.

O medo do julgamento é uma emoção particularmente forte que, com frequência, me impede de ser aberta em minhas comunicações. Preocupo-me em como minhas palavras serão recebidas e temo que expressar minhas ideias ou preocupações possa levar a mal-entendidos ou conflitos. Esse medo muitas vezes me leva a reter minha verdadeira opinião ou a suavizar minha comunicação de tal modo que elas deixam de refletir plenamente meus sentimentos ou pensamentos.

A ansiedade também desempenha um papel significativo, em especial nas situações de alta pressão ou quando preciso abordar tópicos difíceis. A ansiedade pode fazer com que eu duvide de minha capacidade de comunicar eficazmente, o que, por sua vez, pode me levar a evitar essas conversas importantes ou a não ser tão objetiva quanto gostaria.

Reconhecer que essas emoções estão influenciando minha comunicação é o primeiro passo para superá-las. Para melhorar, sei que preciso trabalhar na construção da minha confiança e na gestão da minha ansiedade, praticando a comunicação em situações menos desafiadoras para gradualmente aumentar minha habilidade e meu conforto em ser aberta e assertiva. Além disso, aprender estratégias específicas de comunicação assertiva e aplicá-las conscientemente em minhas interações diárias pode me ajudar a superar essas barreiras emocionais.

PSICÓLOGO: Agora que decidiu o próximo passo, vamos pensar no que você pode mudar no seu comportamento? O que você pensa?

Fernanda pega seu caderno de reflexões e começa a falar e anotar.

FERNANDA: Para mudar meu comportamento de comunicação e torná-lo mais aberto e assertivo, enquanto lido com o medo e a ansiedade que me impedem, penso nas seguintes ações concretas que posso tomar:

- Balanço emocional.

  Antes de entrar em conversas importantes ou situações de comunicação desafiadoras, posso dedicar alguns minutos à prática de *mindfulness* para acalmar minha mente e reduzir a ansiedade. Isso pode me ajudar a manter o foco no presente, reduzindo preocupações excessivas sobre as potenciais consequências da conversa.

- Preparação e ensaio

  Preparar com antecedência os pontos principais que quero comunicar pode me dar mais confiança. Fazer um ensaio de como expressar minhas ideias de maneira objetiva e assertiva também pode ser útil, especialmente para situações que prevejo serem mais desafiadoras.

- *Feedback* positivo

    Buscar *feedback* de pessoas de confiança sobre minha comunicação pode oferecer insights valiosos sobre como estou me saindo e onde posso melhorar. Esse *feedback* também pode reforçar aspectos positivos da minha comunicação, construindo minha confiança.

- Pequenos passos

    Começar com pequenos passos, como expressar uma opinião em uma reunião ou abordar uma pequena preocupação com um colega, pode ajudar a construir minha confiança gradualmente. Cada pequena vitória é um passo na direção certa.

- Técnicas de comunicação assertiva

    Estudar e praticar técnicas específicas de comunicação assertiva, como usar "eu sinto" nas mensagens para expressar minhas necessidades e sentimentos sem culpar ou atacar os outros, pode melhorar significativamente a eficácia da minha comunicação.

- Reflexão e ajuste

    Após interações importantes, refletir sobre o que foi bem e o que poderia ser melhorado. Isso pode incluir considerar como minhas emoções influenciaram a comunicação e o que posso fazer para gerenciá-las melhor no futuro.

- Apoio profissional

Considerar o apoio profissional, como workshops de comunicação ou coaching, pode fornecer ferramentas adicionais e suporte para desenvolver minhas habilidades de comunicação.

Implementando essas mudanças de comportamento, espero não apenas melhorar minha comunicação, mas também construir uma relação mais saudável com o medo e a ansiedade que atualmente limitam minha capacidade de ser aberta e assertiva.

PSICÓLOGO: Então vamos imaginar juntos como podemos aplicar isso no seu trabalho. Em que momento podemos aplicar? E como? Com quem?

FERNANDA: Durante as reuniões de planejamento do projeto de bem-estar no hospital, em que as decisões-chave são tomadas e as responsabilidades, distribuídas.

Posso dedicar um tempo antes da reunião para definir objetivamente os pontos que desejo comunicar, incluindo ideias para o projeto, preocupações potenciais e sugestões para melhorias. Praticando a expressão desses pontos de maneira concisa e assertiva. (*Preparação antecipada.*)

Poucos minutos antes da reunião começar, posso praticar exercícios de respiração ou *mindfulness* para acalmar a ansiedade e focar no presente. (*Balanço emocional.*)

E, ainda, utilizar as técnicas de comunicação assertiva para expressar minhas ideias e preocupações. Por exemplo, posso dizer: "Eu sinto que poderíamos aumentar a eficácia do projeto ao incorporar mais feedback dos membros da equipe em todas as etapas. Isso nos ajudaria a identificar áreas de melhoria mais rapidamente". (*Comunicação durante a reunião.*)

Após expressar minhas ideias, posso pedir feedback imediato aos colegas para avaliar como a minha comunicação foi recebida e ajustar conforme necessário. (*Feedback positivo.*)

Em relação a com quem, seria a equipe do projeto, incluindo colegas de trabalho diretos, membros da equipe multidisciplinar envolvidos na iniciativa e, possivelmente, a administração do hospital, dependendo da estrutura da reunião.

Após a reunião, posso refletir sobre como me senti ao comunicar minhas ideias, o que funcionou bem e o que pode ser melhorado para a próxima vez. Além disso, posso continuar a buscar oportunidades diárias para praticar a comunicação assertiva, seja em conversas informais, e-mails ou na condução de pequenas partes do projeto.

PSICÓLOGO: Vamos imaginar esse diálogo?

FERNANDA: Primeiro eu começaria com uma prática de *mindfulness*, para me preparar. Depois, falaria algo como: "Boa tarde a todos. Primeiramente, quero agradecer a oportunidade de discutirmos juntos as próximas etapas do nosso projeto de bem-estar. Eu estive refletindo sobre nossas estratégias e gostaria de compartilhar algumas ideias que acredito que possam enriquecer nosso trabalho".

Um colega de trabalho diria: "Com certeza, Fernanda, estamos curiosos para ouvir suas sugestões".

Eu responderia: "Com base no feedback que recebemos nas últimas semanas, eu sinto que poderíamos nos beneficiar ao incorporar mais opiniões da equipe em todas as etapas do projeto. Isso nos ajudaria a identificar áreas de melhoria mais rapidamente e a adaptar nossas abordagens de maneira mais eficaz. Por exemplo, poderíamos realizar reuniões breves semanais para ouvir diretamente dos membros da equipe sobre suas experiências e percepções".

Meu supervisor do projeto: "Essa é uma ideia interessante, Fernanda. Como você sugere que organizemos essas reuniões para que sejam efetivas e não sobrecarreguem a equipe?".

Eu: "Acredito que manter essas reuniões curtas e focadas em tópicos específicos pode ser a chave. Podemos também alternar quem participa, para garantir que todos tenham voz sem que isso tome muito do tempo de ninguém. Estou disposta a preparar uma agenda preliminar e um sistema de rodízio para discussão".

Outro colega de trabalho: "Gosto da ideia de envolver mais a equipe. Isso também pode aumentar o sentimento de pertencimento e comprometimento com o sucesso do projeto".

Eu: "Exatamente, esse é o objetivo. Agradeço pelo apoio e estou aberta a mais sugestões para refinarmos essa ideia juntos".

PSICÓLOGO: Você acha que essa formalidade toda é importante no seu trabalho?

FERNANDA: A formalidade na comunicação pode ser importante até certo ponto, especialmente em um ambiente hospitalar, onde a objetividade e a precisão são cruciais para a eficácia das operações e para a segurança do paciente. No entanto, reconheço que uma comunicação excessivamente formal pode, às vezes, criar barreiras à expressão aberta e à colaboração efetiva.

Acredito que encontrar um equilíbrio entre ser profissional e acessível é essencial. Ser capaz de comunicar-se de maneira objetiva e respeitosa, mantendo abertura para o diálogo e a colaboração, pode promover um ambiente de trabalho mais positivo e produtivo. Isso significa ser assertiva e direta, mas também empática e receptiva a ideias e preocupações dos outros.

Entendo agora que a chave para melhorar minha comunicação não está apenas na formalidade, mas em ser genuína e autêntica nas minhas interações. Isso pode envolver ajustar meu estilo de comunicação de acordo com a situação e a pessoa com quem estou falando, sempre com o objetivo de facilitar o entendimento mútuo e o respeito.

Portanto, enquanto a formalidade tem seu lugar, especialmente em determinados contextos profissionais, estou aprendendo que a flexibilidade e a autenticidade na comunicação são igualmente importantes para construir relações de trabalho fortes e eficazes.

PSICÓLOGO: Gostei do seu ponto de vista. Vamos imaginar outro diálogo, agora mais natural, de acordo com a sua personalidade?

FERNANDA: Vamos.

Eu falaria algo como: "Oi, pessoal! Espero que estejam todos bem. Sabe, estive pensando bastante sobre o nosso projeto de bem-estar e como podemos torná-lo ainda mais impactante para a equipe. Tenho algumas ideias e queria ouvir a opinião de vocês".

Meu colega de trabalho: "Com certeza, Fernanda! Estamos curiosos. O que você tem em mente?".

Eu: "Bom, percebi que a gente poderia se beneficiar de trazer mais vozes para o processo de planejamento. Que tal se a gente organizasse um café da manhã mensal? Seria um encontro rápido, só para jogar ideias na mesa e ouvir um pouco mais da equipe sobre o que eles estão achando do projeto".

O supervisor do projeto diria: "Interessante, Fernanda. Um café da manhã soa como uma maneira mais descontraída de engajar a equipe. Como você imagina que isso funcionaria na prática?".

Eu: "Pensei que poderíamos fazer algo bem informal, só para quebrar o gelo e fazer todo mundo se sentir à vontade para compartilhar. Eu posso preparar uma pauta leve, apenas para guiar a conversa, mas deixando espaço livre para qualquer um trazer o que estiver no coração".

Meu outro colega de trabalho: "Adorei a ideia! Acho que isso pode realmente ajudar a fortalecer nossa conexão como equipe e trazer novas perspectivas para o projeto".

Eu: "Que bom que gostaram! Vou organizar tudo e enviar mais detalhes em breve. E, lógico, estou superaberta a sugestões para tornar esses encontros mais úteis e agradáveis para todos".

PSICÓLOGO: Uma das coisas em que temos sempre que nos apoiar é na nossa autenticidade, criar um "novo eu" não é necessário para você se colocar bem nas situações. Acredite, você já é muito mais respeitada do que imagina, e não é necessário ter a formalidade ou o excesso de informações para garantir respeito. Às vezes o excesso de justificativa mostra mais uma insegurança da sua parte e pode promover o sentimento de que você não confia no trabalho do colega.

FERNANDA: Essa observação é valiosa e serve como um lembrete importante de que a autenticidade é fundamental para comunicações eficazes, e relações de respeito mútuo no ambiente de trabalho. Ao me manter fiel a mim mesma, posso comunicar de maneira mais objetiva e direta, sem a necessidade de justificar excessivamente minhas ideias ou ações. Isso não apenas reflete confiança em minhas próprias capacidades como também respeito e confiança nas capacidades dos meus colegas.

Reconhecer que já sou respeitada e valorizada pelo meu trabalho e pela minha contribuição é um aspecto crucial para construir minha confiança e superar a insegurança. Isso me permite abordar as interações com mais segurança, sabendo que minha voz é importante e que minhas ideias têm valor, independentemente de serem expressas com formalidade ou de modo mais descontraído.

Além disso, compreendo que uma comunicação genuína e autêntica pode fortalecer as conexões com meus colegas, criando um ambiente de trabalho mais aberto e colaborativo. Isso envolve ouvir ativamente, ser aberta a feedback e estar disposta a ajustar minha abordagem conforme necessário, sempre mantendo o respeito pelas diferentes perspectivas e experiências.

Com base nessa reflexão, vejo a importância de continuar praticando a comunicação de maneira que seja verdadeira para mim, ao mesmo tempo em que permaneço consciente do impacto que minhas palavras e ações têm sobre os outros. Isso é essencial para o meu desenvolvimento pessoal e profissional, bem como para a criação de um ambiente de trabalho positivo e produtivo.

PSICÓLOGO: Agora que temos mais de um comportamento planejado, continue planejando outros, vendo novas perspectivas dessas conversas e do que realmente quer passar. Na próxima semana será novamente o passo de decisão, encorajamento e ação!

FERNANDA: Vou continuar planejando e refletindo sobre novos comportamentos que desejo incorporar, especialmente focando em como posso aprimorar ainda mais minha comunicação e fortalecer minha autenticidade nas interações. Vou explorar novas perspectivas e maneiras de abordar conversas, sempre com o objetivo de transmitir objetivamente o que penso e sinto, mantendo um equilíbrio saudável entre profissionalismo e genuinidade.

Nesta semana, vou prestar atenção especial ao modo como me expresso, observando as reações dos outros e avaliando o impacto das minhas palavras. Isso inclui estar mais atenta à necessidade de ser concisa e objetiva, sem cair no excesso de justificativas, para que minha confiança e meu respeito pelos colegas sejam evidentes.

Além disso, vou buscar momentos para praticar a escuta ativa, pois reconheço a importância de compreender verdadeiramente as perspectivas alheias para uma comunicação eficaz. Isso não só ajudará a fortalecer as relações profissionais como também me proporcionará insights valiosos para o meu crescimento pessoal e desenvolvimento de liderança.

Estou empolgada pela próxima sessão, em que discutiremos a fase de decisão, encorajamento e ação. Estou comprometida a levar adiante as reflexões e os aprendizados desta semana, pronta para dar os próximos passos no meu processo de mudança. Obrigada pelo apoio contínuo e pelas orientações, que têm sido fundamentais nesta jornada. Até lá!

PSICÓLOGO: Fechado! Até a próxima semana! Continue refletindo e praticando os comportamentos que discutimos. Estou aqui para apoiá-la em cada etapa deste processo. Até lá!

SESSÃO 9

CELEBRAÇÃO DO CRESCIMENTO:

cada passo adiante é uma vitória sobre o Eu de ontem

|||||||||||||||||

PSICÓLOGO: Bom dia, Fê, como estão as coisas? Como foi a sua semana? Aceita um café?

FERNANDA: Bom dia, quero sim! Pode escolher qualquer um! Bem, essa semana foi bastante desafiadora em termos de comunicação para mim. Houve um momento em particular que me marcou e que considero uma falha de comunicação da minha parte, o qual realmente me fez sentir mal.
    Estava em uma reunião com a equipe do projeto de bem-estar e eu tinha algumas preocupações sobre a direção que estávamos tomando. Eu queria expressar meus pensamentos de maneira construtiva, mas, quando chegou a minha vez de falar, me senti ansiosa e pressionada. Acabei me expressando de modo mais crítico do que pretendia, focando mais nos problemas do que nas soluções possíveis.

Isso não só gerou um clima tenso na reunião como também, percebi, minhas palavras desencorajaram alguns colegas. Mais tarde, um deles veio conversar comigo para entender melhor minhas preocupações, e foi aí que notei o impacto negativo que minha comunicação havia tido.

Senti-me mal por não ter conseguido expressar meus pensamentos de uma maneira que fosse útil e construtiva. Reconheço que minha ansiedade e o medo de como seria recebida me impediram de comunicar de modo eficaz. Isso me mostrou a importância de preparar melhor o que quero dizer, especialmente em situações que sei que podem ser potencialmente estressantes, e de praticar maneiras de manter a calma e a objetividade ao expressar preocupações.

Essa experiência foi um lembrete de que ainda tenho espaço para crescer em minha habilidade de comunicação e que preciso continuar trabalhando para melhorar, especialmente para aprender a equilibrar a honestidade com a sensibilidade em relação aos sentimentos dos outros.

PSICÓLOGO: Consegue me descrever melhor o que falou?

FERNANDA: Durante a reunião, quando discutíamos as próximas etapas do projeto de bem-estar, eu queria abordar algumas das minhas preocupações sobre a implementação de certas estratégias que, na minha visão, poderiam não ser as mais eficazes dadas as nossas limitações de recursos e tempo.

Na tentativa de ser direta, acabei dizendo algo como: "Estou preocupada que estamos seguindo por um caminho que já sabemos que não vai funcionar. Parece que não estamos levando em consideração os feedbacks anteriores que recebemos, e isso pode acabar comprometendo todo o projeto".

Ao refletir, percebo que a maneira como expressei minhas preocupações soou mais negativa do que eu pretendia. Em vez de sugerir alternativas ou pedir uma revisão colaborativa das estratégias, foquei demais nos problemas. Isso, inadvertidamente, passou a impressão de que eu estava desvalorizando os esforços da equipe até aquele momento, o que não era minha intenção.

O feedback que recebi depois da reunião me fez perceber que poderia ter abordado a situação de modo mais construtivo, talvez começando por reconhecer o trabalho duro da equipe e então sugerindo uma pausa para reavaliarmos algumas das nossas estratégias com base em novas informações ou insights que tivéssemos recebido.

Essa experiência destacou para mim a importância de preparar com cuidado como vou comunicar críticas ou preocupações, garantindo que estou contribuindo para uma atmosfera de trabalho positiva e encorajadora, mesmo ao enfrentar desafios.

PSICÓLOGO: Antes de você falar sobre isso, o que será que estava sentindo?

FERNANDA: Antes de expressar minhas preocupações na reunião, eu estava me sentindo bastante ansiosa e preocupada. A ansiedade vinha, em parte, da pressão que eu sentia para garantir que o projeto fosse bem-sucedido, combinada com o temor de que as estratégias atuais pudessem não levar aos resultados desejados. Eu também estava preocupada com a possibilidade de minha opinião ser mal recebida ou de causar conflito dentro da equipe, especialmente porque o que eu tinha a dizer poderia ser percebido como uma crítica ao plano de ação atual.

Além disso, havia um sentimento de responsabilidade pesando sobre mim; como alguém envolvida profundamente no projeto, sentia que era meu dever falar se via potenciais problemas no horizonte. No entanto, essa sensação de responsabilidade também me fazia temer que falhar em comunicar minhas preocupações de maneira eficaz pudesse prejudicar mais do que ajudar.

Essa mistura de ansiedade, preocupação e senso de responsabilidade criou uma tensão interna que, acredito, influenciou a maneira como acabei me expressando. Faltou-me a calma e a objetividade necessárias para apresentar minhas preocupações de maneira construtiva, o que acabou por não refletir a abordagem colaborativa e de apoio que eu valorizo.

PSICÓLOGO: Olha que interessante: quando se sentiu com medo, você passou seus sentimentos para sua equipe e no fim acabou reforçando esse seu próprio sentimento, faz sentido para você?

FERNANDA: Sim, faz bastante sentido. Ao refletir sobre a situação, percebo como o medo e a ansiedade que senti internamente acabaram se manifestando na maneira como comuniquei minhas preocupações à equipe. Isso, por sua vez, não apenas afetou negativamente a atmosfera da reunião como também reforçou meus próprios sentimentos de medo e ansiedade, criando um ciclo que não contribuiu positivamente para a situação.

Entendo agora que, ao permitir que meus sentimentos de medo guiassem a maneira como expressei minhas preocupações, inadvertidamente projetei essa ansiedade sobre os outros. Isso não só diminuiu a possibilidade de uma recepção aberta e construtiva das minhas observações como também pode ter levado a equipe a sentir uma insegurança semelhante, impactando a confiança e a dinâmica do grupo.

Essa realização destaca a importância de estar ciente dos meus próprios estados emocionais e de como eles podem influenciar a minha comunicação e as pessoas ao meu redor. Reconheço a necessidade de desenvolver estratégias para gerenciar de modo efetivo meus sentimentos de medo e ansiedade antes de abordar questões potencialmente sensíveis ou desafiadoras. Isso pode envolver práticas como a respiração profunda, a reflexão consciente sobre a melhor maneira de expressar minhas ideias ou até mesmo buscar feedback preliminar de um colega de confiança antes de levar a questão para um grupo maior.

Compreender essa dinâmica me encoraja a ser mais deliberada na preparação para comunicações importantes, garantindo que estou abordando não apenas o conteúdo do que preciso comunicar, mas também a maneira como minhas emoções e atitudes podem ser percebidas pelos outros. Isso é fundamental para criar um ambiente de trabalho mais positivo e produtivo, onde o medo e a ansiedade não dominem o modo como nos conectamos e colaboramos uns com os outros.

PSICÓLOGO: Exatamente. E por isso não podemos esquecer sempre de fazer nosso balanço emocional. Emoções positivas são contagiantes no nosso comportamento, então, quando esquecemos delas, as emoções negativas acabam tomando conta de todos os pensamentos, abalando nossos comportamentos e reforçando ainda mais os pensamentos ansiosos. Eu sei que é difícil controlar, nunca é fácil, mas é possível! Então vamos pensar nessa semana que passou... Me conta, teve alguma vitória?

FERNANDA: Refletindo sobre a semana passada, apesar dos desafios de comunicação, houve vitórias e momentos positivos que posso celebrar. Essas conquistas me ajudam a lembrar da importância de manter um balanço emocional, focando também as emoções positivas.

Por exemplo, após a reunião em que senti que falhei na comunicação, tomei a iniciativa de conversar individualmente com alguns membros da equipe para explicar minhas intenções e ouvir suas ideias. Essas conversas não só ajudaram a reparar qualquer mal-entendido como também recebi feedback positivo sobre a importância de trazer essas preocupações à equipe, o que foi encorajador. (*Feedback positivo.*)

Apesar do desconforto inicial, consegui superar o sentimento de fracasso após a reunião e usei a experiência como uma oportunidade de aprendizado. Isso reforçou minha resiliência e minha capacidade de enfrentar situações desafiadoras, aprendendo com elas. (*Resiliência.*)

Lembrei-me de praticar autocompaixão, reconhecendo que está tudo bem não ser perfeita e que erros são oportunidades de crescimento. Isso me ajudou a manter uma perspectiva mais positiva e a não ser tão dura comigo mesma. (*Prática de autocompaixão*.)

Apesar do desafio inicial, minhas preocupações levaram a equipe a reconsiderar alguns aspectos do projeto, resultando em mudanças que todos acreditam que melhorarão o resultado. Isso me lembrou que minhas contribuições são valiosas e têm um impacto positivo. (*Contribuições valiosas*.)

Decidi dedicar um tempo para desenvolver minhas habilidades de comunicação, participando de um workshop online sobre comunicação assertiva. Isso me deu novas ferramentas e estratégias para melhorar minha expressão e interação com os outros. (*Desenvolvimento pessoal*.)

Essas vitórias, por menores que sejam, são lembretes importantes de que estou progredindo, não apenas profissionalmente, mas também em meu desenvolvimento pessoal. Elas ajudam a balancear as emoções negativas que podem surgir de desafios ou falhas percebidas, reforçando a importância de manter um foco nas emoções positivas e no crescimento contínuo.

PSICÓLOGO: Legal, você continua só a ver essa situação! Sem sombra de dúvida foi um ponto forte da sua semana e fico feliz que esteja conseguindo ver coisas boas em um evento no qual teve ansiedade. Mas vamos além, me conta: alguma vitória de outros pontos importantes da sua vida durante essa semana?

FERNANDA: Nessa semana, consegui dedicar um tempo de qualidade à minha família. Organizamos um jantar especial em casa, em que todos participaram do preparo da refeição. Foi um momento de união e alegria, lembrando-me da importância de valorizar esses pequenos momentos juntos. (*Conexão familiar.*)

Tomei a iniciativa de retomar minha rotina de exercícios, que havia sido negligenciada devido ao estresse e à carga de trabalho. Conseguir me exercitar regularmente nessa semana não só melhorou meu bem-estar físico como também teve um impacto positivo na minha saúde mental, ajudando a reduzir a ansiedade. (*Cuidado pessoal.*)

Dediquei algumas horas para voltar a um hobby que amo, mas que tinha deixado de lado: a pintura. Essa atividade criativa me proporcionou uma valiosa fuga do ciclo constante de preocupações, permitindo me expressar de maneira livre e descompromissada. (*Hobby.*)

Comecei um curso online sobre *mindfulness* e meditação, algo que queria fazer há algum tempo. Esse novo aprendizado está me ajudando a desenvolver técnicas para gerenciar melhor o estresse e a ansiedade, além de oferecer uma nova perspectiva sobre como viver o momento presente. (*Novo aprendizado.*)

Tive a oportunidade de oferecer suporte a um amigo que estava passando por um momento difícil. Poder estar lá para ele, ouvindo e oferecendo palavras de encorajamento, não só foi importante para ele como também me lembrou do valor da empatia e do suporte mútuo nas nossas relações. (*Apoio a um amigo.*)

Essas vitórias refletem a importância de manter um equilíbrio saudável entre o trabalho e a vida pessoal, lembrando-me de que, apesar dos desafios profissionais, há muitos aspectos da minha vida que trazem alegria, satisfação e crescimento.

Cada uma dessas experiências positivas contribui para o meu bem-estar geral e me encoraja a continuar buscando o equilíbrio e a cultivar momentos de felicidade e gratidão na minha vida diária.

PSICÓLOGO: Consegue ver, então, que sua vida não é pura ansiedade, medo, problemas etc.? Muitas coisas ocorreram, mas nosso costume é apenas olhar para uma única perspectiva negativa e ficarmos eternamente presos nesses pensamentos. Lembre-se sempre: devemos focar na palavra "também". Temos dificuldades e *também* coisas boas que ocorrem diariamente. Contudo, o negativo não pode destruir o positivo!!

FERNANDA: Sim, essa é uma perspectiva muito valiosa e um lembrete crucial. Reconhecer que minha vida não é definida apenas por ansiedade, medo ou problemas é essencial para manter uma visão equilibrada e saudável de mim mesma e do mundo ao meu redor. As dificuldades são uma parte inevitável da vida, mas elas coexistem com momentos de alegria, conquista e conexão.

O uso da palavra "também" é uma ferramenta poderosa para me ajudar a lembrar dessa coexistência de experiências. Ela me permite reconhecer que, embora eu enfrente desafios, *também* há muitos aspectos positivos na minha vida que merecem ser celebrados e valorizados. Isso ajuda a evitar que me concentre exclusivamente no negativo, o que pode distorcer minha percepção da realidade e impactar meu bem-estar emocional.

Focar nas coisas boas que acontecem diariamente, mesmo que sejam pequenas, é uma maneira eficaz de construir resiliência e cultivar uma atitude mais positiva e esperançosa. Isso não significa ignorar ou minimizar os problemas, e sim manter uma perspectiva equilibrada, em que os aspectos positivos recebem tanta atenção quanto os negativos.

Comprometo-me a praticar essa abordagem em minha vida, lembrando de que, apesar das dificuldades, também existem muitas coisas boas acontecendo. Ao dar atenção e valorizar esses aspectos positivos, posso fortalecer minha capacidade de lidar com os desafios, sem permitir que eles definam minha experiência de vida como um todo.

PSICÓLOGO: Maravilha! Como sempre, vamos sempre reavaliar nossos pensamentos e comportamentos. Todos nós somos capazes de mudar, evoluir e chegar ao bem-estar. Mas sempre precisamos refletir o que realmente queremos e quem realmente queremos ser. São perguntas simples e complexas ao mesmo tempo.

FERNANDA: Exatamente, o caminho em direção ao bem-estar e ao crescimento pessoal é contínuo e requer uma reflexão constante sobre nossos desejos, valores e a pessoa que queremos ser. Essas perguntas, embora possam parecer simples à primeira vista, nos desafiam a mergulhar profundamente em nossa autoconsciência e examinar nossa vida de maneira holística e intencional.

Refletir sobre o que realmente queremos nos ajuda a definir nossas metas e prioridades, garantindo que as ações que tomamos estejam alinhadas com nossos valores mais profundos. Isso pode significar fazer ajustes em nosso caminho atual, abandonar hábitos que não nos servem mais ou adotar novas práticas que nos aproximem de nossos objetivos.

Questionar quem realmente queremos ser nos encoraja a considerar as qualidades e virtudes que valorizamos e a avaliar como podemos incorporá-las em nossa vida. Isso não só orienta nosso desenvolvimento pessoal – também influencia como interagimos com os outros e como contribuímos para o mundo ao nosso redor.

Essa reflexão contínua é essencial para a mudança e evolução pessoais. Ela requer honestidade, coragem e a disposição para enfrentar o desconforto que pode acompanhar o crescimento. No entanto, é também uma fonte de empoderamento e satisfação, à medida que nos movemos em direção a uma versão mais autêntica e realizada de nós mesmos.

Vou continuar a me engajar nessas reflexões, lembrando-me de que a capacidade de mudar e evoluir é uma das nossas maiores forças. Com comprometimento, apoio e ações intencionais, posso alcançar um estado de bem-estar e viver uma vida que reflita verdadeiramente quem eu quero ser.

PSICÓLOGO: Maravilha, Fê. Agora, com isso, pense um pouco para sua próxima semana. Fechado?

FERNANDA: Fechado! Para a próxima semana, vou me concentrar em aplicar essa reflexão em minha vida diária, mantendo em mente os objetivos e os valores que são importantes para mim. Vou dedicar um momento para planejar ações específicas que reflitam quem eu quero ser e o que quero alcançar, sempre buscando um equilíbrio saudável entre trabalho, autocuidado e tempo com aqueles que amo.

Além disso, continuarei praticando a gratidão diária e a autocompaixão, lembrando-me de celebrar as pequenas vitórias e os aprendizados ao longo do caminho. Estarei atenta às oportunidades de crescimento e aberta a ajustes em meus planos, conforme necessário, para permanecer alinhada com minhas aspirações mais profundas.

Estou comprometida com essa caminhada de autoconhecimento e crescimento, e animada para ver os progressos e desafios que a próxima semana trará. Até lá, obrigada.

SESSÃO 10

CONTINUIDADE DO SER:

a jornada de autoconhecimento
é um rio que flui sem fim

|||||||||||||||||

PSICÓLOGO: Bom dia, Fê, tudo bem contigo? Como foi sua semana? Aceita um café hoje?

FERNANDA: Bom dia! Sim, quero sim! Ah, a minha semana foi uma montanha-russa, para ser sincera. Tive momentos bem legais, mas também enfrentei uns desafios que me fizeram parar para pensar. Sabe, essa coisa de tentar equilibrar o profissional com o pessoal nem sempre é fácil, mas estou me esforçando.

Uma coisa bacana foi que coloquei em prática aquela ideia de planejar pequenas ações que refletem quem eu quero ser e o que quero alcançar. Tipo, me permiti um tempo para desenhar, algo que eu adoro e tinha deixado de lado. Foi demais, me senti superbem, meio que redescobrindo uma parte de mim.

Por outro lado, tive um dia no trabalho que, nossa, foi tenso. Tive que apresentar um projeto e, apesar de ter me preparado, as coisas não saíram como eu esperava. A tecnologia resolveu me sabotar na hora H, e eu meio que me perdi. Fiquei frustrada, não vou mentir. Mas depois, respirando fundo e vendo o apoio da galera, percebi que nem tudo estava perdido. Aprendi bastante com isso, principalmente a ter um plano B para tecnologia (*risos*).

Ah, e sobre ser mais autêntica... *tô* tentando. Naquele dia da apresentação, em vez de tentar esconder o nervosismo, compartilhei com a equipe que estava tensa e, incrivelmente, isso me ajudou a relaxar um pouco. Eles foram supercompreensivos. Acho que ser honesta sobre como a gente se sente cria uma conexão mais verdadeira com as pessoas.

Então é isso. Uma semana de altos e baixos, mas seguindo em frente. E você, como tem estado?

PSICÓLOGO: Fê, fico muito feliz em ouvir isso! Estou bem também! Olha que interessante, até mesmo aqui você está cada dia mais livre. Falando sem medo de ser julgada.

FERNANDA: Ah, que bom ouvir isso! Realmente, estou tentando me abrir mais, sabe? Percebi que quanto mais eu me permito ser quem sou, mais leve eu me sinto. Esse negócio de medo de julgamento é complicado, mas estou aprendendo que não posso deixar isso me paralisar.

E essa coisa de falar mais livremente, sem tanto medo de como vou ser recebida, tem sido libertadora. Lógico, ainda tenho meus momentos de insegurança, mas agora os vejo mais como parte do processo de crescimento do que como barreiras intransponíveis.

É engraçado como pequenas mudanças na maneira como a gente se comunica podem fazer uma grande diferença no modo como a gente se sente, né? Estou descobrindo que ser autêntica não é só bom para mim, também melhora minhas relações com os outros. As pessoas respondem de maneira mais positiva quando veem que você está sendo genuíno.

Vou continuar trabalhando nisso, tentando encontrar esse equilíbrio entre ser verdadeira comigo mesma e estar aberta e receptiva aos outros. É um caminho longo, mas estou animada para ver onde isso vai me levar.

PSICÓLOGO: Onde acha que isso pode te levar?

FERNANDA: Ah, essa é uma boa pergunta. Acho que, continuar sendo mais autêntica e menos preocupada com o julgamento alheio, pode me levar a um lugar de maior confiança em mim mesma e nas minhas relações. Espero criar conexões mais profundas e significativas com as pessoas ao meu redor, seja no trabalho, com minha família ou com amigos. Quando a gente se mostra verdadeiramente, sem tantas máscaras, acredito que isso abre espaço para que os outros façam o mesmo, o que pode fortalecer nossos laços.

Profissionalmente, ser mais livre e autêntica pode me ajudar a expressar minhas ideias e preocupações de maneira mais objetiva e confiante, o que, por sua vez, pode levar a uma colaboração mais efetiva e a resultados mais inovadores e satisfatórios nos projetos em que estou envolvida.

Pessoalmente, espero que isso ajude a me sentir mais realizada e em paz comigo mesma. A autenticidade traz uma sensação de alinhamento entre o que sentimos por dentro e o que expressamos para o mundo, e isso é incrivelmente libertador. Além disso, acredito que isso vai me permitir explorar novas áreas da minha vida com mais coragem e abertura, seja retomando antigos hobbies, como o desenho, ou me aventurando em novos desafios e experiências.

Resumindo, espero que essa maneira de ser mais autêntica e livre me leve a uma vida mais rica e plena, em que eu possa aproveitar ao máximo as oportunidades que surgem, aprender com os desafios e celebrar cada conquista ao longo do caminho. É um caminho contínuo de descoberta e crescimento, e estou realmente animada para ver onde ele vai me levar.

PSICÓLOGO: Incrível o pensamento, Fê! Agora, você está cada dia mais confiante de si. Realmente entendendo que o seu Eu deve ser independente das outras pessoas. Me conta um pouco mais, como foi a semana no seu projeto?

FERNANDA: Ah, o projeto! Essa semana foi bem interessante. Tivemos alguns avanços que me deixaram bastante animada. Conseguimos finalizar uma das etapas que estava nos dando dor de cabeça há algum tempo. Sabe quando você trava em um ponto e parece que não vai conseguir resolver? Então, a gente estava nessa, mas, finalmente, a solução apareceu.

A equipe e eu dedicamos um bom tempo discutindo alternativas, e fiz questão de encorajar todo mundo a trazer ideias, por mais "fora da caixa" que fossem. E foi numa dessas conversas mais abertas e descontraídas que a ideia surgiu. Foi um verdadeiro trabalho em equipe, e eu fiquei superorgulhosa de como conseguimos nos unir e superar o desafio.

Além disso, tive uma conversa bem sincera com o supervisor do projeto. Falei sobre algumas preocupações que tinha em relação às próximas fases e como acho que podemos melhorar nossa abordagem. Decidi aplicar o que tenho aprendido sobre ser mais autêntica e assertiva, e foi ótimo. Ele foi super-receptivo às minhas sugestões e até agradeceu minha franqueza. Isso me deu um *boost* de confiança enorme.

Outro ponto alto foi receber o feedback de um colega de outra equipe que se envolveu recentemente no projeto. Ele comentou como estava impressionado com a nossa organização e com o clima positivo do time. Isso me fez perceber o quanto estamos progredindo não só no trabalho em si como também na construção de um ambiente de trabalho saudável e motivador.

Então, sim, foi uma semana de muito trabalho, mas também de muitas conquistas e aprendizados. Estou cada vez mais convencida de que a chave para o sucesso é manter a comunicação aberta, valorizar as contribuições de todos e não ter medo de ser autêntica. Isso está transformando a maneira como trabalho e como lidero minha equipe, e os resultados estão aí para provar.

PSICÓLOGO: Novamente, Fê, acho que vale voltar um pouco no tempo e ver como você evoluiu. O que acha que podemos notar de diferente no seu discurso do primeiro dia de terapia em relação ao de hoje?

FERNANDA: Ah, fazendo uma retrospectiva, é possível notar uma evolução significativa no meu discurso desde o primeiro dia de terapia até hoje. No início, eu estava mais focada nos desafios, nas incertezas e nas dificuldades que estava enfrentando, tanto pessoal quanto profissionalmente. Havia uma tendência em minha fala de concentrar mais na ansiedade, no medo do julgamento e na insegurança sobre minhas habilidades e decisões.

Hoje, percebo uma mudança para um discurso mais confiante e otimista. Há um reconhecimento nítido dos desafios, mas agora eles são acompanhados por uma ênfase nas soluções encontradas, nas conquistas alcançadas e na aprendizagem que cada situação proporcionou. Meu discurso reflete maior autoconfiança e abertura para o crescimento pessoal e profissional, além de uma valorização das relações e do trabalho em equipe.

Outra mudança notável é na maneira como agora falo sobre a importância da autenticidade e da comunicação aberta. No início, havia uma preocupação maior em como ser percebida pelos outros e um medo de expressar minhas verdadeiras opiniões. Hoje, enfatizo a relevância de ser verdadeira comigo mesma e com os outros, reconhecendo que isso fortalece as conexões e contribui para um ambiente mais saudável e produtivo.

Além disso, a prática da gratidão e da autocompaixão, que inicialmente poderiam parecer conceitos distantes ou difíceis de integrar no dia a dia, agora são mencionadas como partes importantes da minha rotina e do meu processo de crescimento.

Em resumo, a evolução do meu discurso reflete uma jornada de autoconhecimento, na qual aprendi a enfrentar meus medos, a valorizar minhas conquistas e a cultivar uma atitude mais positiva e resiliente diante da vida. Isso mostra não apenas o quanto cresci, mas também o quanto ainda posso evoluir, mantendo-me aberta ao aprendizado contínuo e às novas experiências que a vida tem a oferecer.

PSICÓLOGO: E como está seu balanço emocional? Coragem?

FERNANDA: Ah, meu balanço emocional está numa vibe bem mais equilibrada ultimamente. Lógico, ainda tem dias em que a balança pende mais para o lado da ansiedade ou do estresse, mas sinto que agora tenho mais ferramentas pra não deixar isso tomar conta de mim. Tipo, agora eu consigo parar, respirar e tentar ver as coisas de uma perspectiva diferente, sabe? Acho que isso tem feito toda a diferença.

Sobre a coragem, olha, tenho me sentido bem mais corajosa ultimamente. Não é que de repente eu virei super-heroína e não sinto mais medo de nada, mas estou me permitindo enfrentar situações que antes eu evitaria. Tem a ver com aquela coisa de ser mais autêntica e verdadeira, tanto comigo mesma quanto com os outros. Isso me dá uma força, uma coragem que eu não sabia que tinha.

E tem mais, acho que essa minha vibe mais corajosa tem inspirado outras pessoas da equipe também. A gente tem criado um espaço onde todos se sentem mais à vontade para compartilhar ideias, falar sobre medos e trabalhar juntos pra encontrar soluções. É como se minha coragem estivesse contagiando os outros, e isso é incrível!

Então é isso. Meu balanço emocional e minha coragem estão em um lugar bem melhor agora. Lógico que a jornada não acabou, e eu sei que ainda tenho muito o que aprender e evoluir. Mas, olhando para trás e vendo o quanto já caminhei, não tem como não me sentir orgulhosa e animada pelo que ainda está por vir.

PSICÓLOGO: Fê, todo comportamento no início é confuso e forçado. A naturalidade ainda virá, depois de diversas situações. Sempre lembre que a jornada da evolução não é uma linha reta! Ela terá altos baixos. E por isso não podemos esquecer dos passos que aprendemos. Agora que você já realizou todos, está na hora da manutenção.

FERNANDA: Ah, entendi! A ideia de que o caminho da evolução não é uma linha reta faz todo o sentido. Tem dias que me sinto super em sintonia com tudo que aprendi, tipo, realmente aplicando as mudanças e sentindo os benefícios. Mas aí, em outros momentos, parece que dou dois passos para trás, sabe? E isso pode ser meio frustrante. Mas, ouvindo o que você disse, percebo que é parte do processo, e está tudo bem.

Sobre a manutenção, faz sentido. Acho que agora o desafio é manter todas essas práticas e aprendizados como parte da minha rotina, mesmo quando a vida fica corrida ou as coisas não saem como planejado. Vou precisar encontrar maneiras de manter esse equilíbrio emocional, continuar praticando a autocompaixão, a gratidão, e manter a coragem de ser autêntica nas minhas interações.

Isso provavelmente vai envolver revisitar regularmente as estratégias que funcionaram para mim, talvez ajustando algumas coisas aqui e ali, conforme a vida vai mudando. Também acho importante continuar me cercando de pessoas que apoiam essa minha jornada de crescimento, sabe? Elas podem me ajudar a manter o foco e me lembrar do progresso que fiz, especialmente nos dias mais difíceis.

E, lógico, seguir aberta ao aprendizado contínuo é a chave. Sempre vai ter algo novo para descobrir sobre mim mesma e sobre como posso lidar melhor com as situações que a vida traz.

Então é isso. Estou pronta para essa fase de manutenção, sabendo que vai ter altos e baixos, mas me sentindo mais equipada para enfrentar o que vier. E, de verdade, muito animada para ver como posso continuar evoluindo. Obrigada por me ajudar a ver que, mesmo quando as coisas parecem confusas ou forçadas, é tudo parte do caminho.

PSICÓLOGO: Show! Então, vamos continuar a evoluir sempre?

FERNANDA: Com certeza! Continuar evoluindo sempre é o plano. Cada experiência, cada desafio e cada sucesso são partes importantes dessa jornada de crescimento pessoal. Estou animada para seguir em frente, aplicando o que aprendi, experimentando novas maneiras de ser e interagir com o mundo ao meu redor. Obrigada pelo apoio e pelas orientações valiosas ao longo do caminho. Vamos nessa, sempre em busca de evolução e bem-estar!

MÉTODO PRO

Desde o início, Fernanda estava sobrecarregada com desafios tanto pessoais quanto profissionais, lutando contra *burnout*, perfeccionismo, dificuldades emocionais, medos etc. Com a ajuda do Método PRO ela começou a observar seus sentimentos mais de perto, aprendendo a diferenciar entre ansiedade e empolgação, o que a levou a enxergar oportunidades de crescimento em situações antes vistas como estressantes.

A partir das sessões, Fernanda foi capaz de identificar o medo do fracasso e a dúvida sobre sua competência como pontos centrais de sua ansiedade. Reconhecendo esses padrões em diferentes esferas da vida, ela começou a trabalhar nesses aspectos, abordando o ato de viver com mais confiança e abertura para novas experiências.

Um dos momentos mais reveladores para Fernanda foi a oportunidade de liderar um projeto de bem-estar no hospital, algo que inicialmente a encheu de ansiedade. No entanto, refletindo sobre suas conversas terapêuticas, ela conseguiu reenquadrar a experiência como uma chance para crescimento pessoal e profissional. Esse projeto não apenas desafiou suas habilidades profissionais – também a fez entender as necessidades emocionais e psicológicas dela, marcando um ponto de virada significativo em sua vida.

Fernanda aprendeu a valorizar suas conquistas, praticar gratidão e autocompaixão e desenvolver uma relação mais saudável e compassiva consigo mesma. Ela começou a enfrentar seus medos, valorizando o processo de crescimento tanto quanto o resultado, refletindo uma mudança profunda em sua autoconfiança e abertura para o crescimento pessoal e profissional.

A prática da autenticidade e da comunicação aberta se tornou fundamental para Fernanda, fortalecendo suas conexões e contribuindo para um ambiente de trabalho mais saudável e produtivo. A gratidão e a autocompaixão, inicialmente conceitos distantes, tornaram-se partes essenciais de sua rotina e processo de crescimento.

Fernanda reflete um percurso de autoconhecimento em que ela aprendeu a enfrentar seus medos, valorizar suas conquistas e cultivar uma atitude mais positiva e resiliente diante da vida. Isso mostra não apenas o quanto ela cresceu como também o potencial contínuo para evolução, mantendo-se aberta ao aprendizado e às novas experiências que a vida tem a oferecer. A superação de desafios, a reconquista da autoestima e a redefinição de sua relação com o trabalho e consigo mesma destacavam-se como marcos de sua evolução.

Conforme Fernanda se aproximava do final de sua jornada com o Método PRO, era evidente a transformação profunda que ela havia experimentado. Enquanto refletimos sobre as doze etapas do Método PRO, é importante integrar esse aprendizado à manutenção e à continuidade de seu crescimento.

Vamos distinguir cada uma das etapas do Método PRO durante as sessões da Fernanda:

QUEBRANDO AS CORRENTES EMOCIONAIS

1. CONEXÃO – o primeiro passo foi estabelecer um vínculo de confiança e empatia com o psicólogo, um espaço seguro onde Fernanda pôde abrir-se e confinar sem medo de julgamento.

2. RAIO-X DO COMPORTAMENTO – analisar seus comportamentos permitiu que Fernanda entendesse suas reações e os gatilhos emocionais por trás delas, um insight crucial para a mudança.

3. REGULAÇÃO EMOCIONAL – aprendendo a gerenciar suas emoções, Fernanda encontrou equilíbrio, reduzindo a ansiedade e ampliando sua capacidade de enfrentar adversidades.

4. CONFIANÇA – reconhecer sua própria capacidade de mudança fortaleceu a autoconfiança de Fernanda, um passo fundamental para qualquer transformação pessoal.

5. INTENÇÃO – a determinação em mudar foi catalisada pela objetividade de suas intenções, definindo o que ela queria alcançar com o processo terapêutico.

6. PLANEJAMENTO – estabelecer um plano objetivo de ações e metas permitiu à Fernanda visualizar seu caminho e os passos necessários para a mudança desejada.

7. DECISÃO – escolher ativamente a mudança foi um momento decisivo, marcando o compromisso de Fernanda com seu processo de crescimento.

8. ENCORAJAMENTO – revisitar os progressos e reforçar a motivação foram essenciais para manter Fernanda no caminho, mesmo diante de obstáculos.

9. AÇÃO – a implementação de estratégias práticas possibilitou a transformação de insights em ações concretas, um passo crítico na vida de Fernanda.

10. REAVALIAÇÃO – avaliar os resultados das mudanças ajudou Fernanda a ajustar seu curso, garantindo alinhamento com seus objetivos.

11. MANUTENÇÃO – a sustentação dos novos comportamentos e práticas saudáveis tornou-se uma parte integrante da vida de Fernanda, assegurando a durabilidade das mudanças.

12. BEM-ESTAR – o resultado foi um estado de bem-estar abrangente, refletindo a harmonia entre saúde mental, satisfação pessoal e eficácia profissional.

A trajetória de Fernanda é um lembrete poderoso de que, com comprometimento e apoio adequado, é possível transformar profundamente nossa vida, quebrando as correntes emocionais que nos restringem e abrindo caminho para um futuro de crescimento contínuo e bem-estar autêntico.

A seguir, vamos nos aprofundar em cada uma das etapas do Método PRO. Vale lembrar que as etapas não são sessões, e sim um guia, um norte, para a evolução. Cada sujeito terá seu próprio tempo de evolução, e isso não cabe a ninguém julgar, ou seja, pode levar doze, vinte ou cem sessões. O mais importante é que cada sessão seja guiada pelo método.

Agora, vamos lá.

CONEXÃO

A jornada para o autoconhecimento e a transformação pessoal inicia-se com a Conexão, a primeira e uma das mais cruciais etapas do Método PRO. Essa fase é fundamentada na construção de uma relação terapêutica sólida e empática, servindo como alicerce para todo o processo de mudança. A conexão vai além do simples estabelecimento de um relacionamento profissional; é um vínculo construído a partir da confiança, da compreensão e do respeito mútuo, permitindo que o indivíduo se sinta seguro para explorar suas vulnerabilidades e seus desafios.

Nesta etapa inicial, o psicólogo se esforça para criar um ambiente acolhedor e não julgador, onde o indivíduo pode se sentir compreendido e apoiado. A importância dessa conexão não pode ser subestimada, pois é o elo que permite que a pessoa se abra e compartilhe as experiências mais íntimas, pensamentos e sentimentos. Uma conexão efetiva garante que a base do trabalho terapêutico seja sólida e que o indivíduo se sinta encorajado a participar ativamente do processo de evolução.

A escuta ativa é um componente-chave nessa fase. O psicólogo deve estar totalmente presente, demonstrando empatia e compreendendo por completo o que está sendo compartilhado. Isso envolve não apenas ouvir as palavras ditas como também perceber as emoções não expressadas verbalmente e os padrões de pensamento subjacentes. A habilidade de refletir e validar as experiências do indivíduo fortalece a conexão, promovendo uma sensação de validação e aceitação.

Outro aspecto fundamental da Conexão é estabelecer um entendimento comum dos objetivos terapêuticos. Isso implica em um diálogo aberto sobre as expectativas do indivíduo, suas aspirações de mudança e como o psicólogo pode auxiliar nesse processo. Alinhar os objetivos ajuda a direcionar o caminho de superação, assegurando que tanto o psicólogo quanto o indivíduo estejam trabalhando juntos em prol de um fim comum.

A confiança, que é intrínseca a essa etapa, se desenvolve gradualmente. Por meio de consistentes demonstrações de compreensão, empatia e respeito, o psicólogo facilita um espaço seguro onde o indivíduo pode explorar suas vulnerabilidades sem medo de julgamento. Essa confiança mútua é o alicerce sobre o qual todas as intervenções subsequentes serão construídas, permitindo uma exploração profunda dos desafios e dificuldades enfrentadas pelo indivíduo.

A Conexão é muito mais do que um simples passo inicial; é o primeiro contato do processo terapêutico, estabelecendo as condições necessárias para o crescimento e a mudança. Sem uma conexão genuína e empática, seria desafiador para o indivíduo avançar nas etapas subsequentes do Método PRO. Essa etapa é, portanto, essencial para criar um ambiente de apoio que encoraja a honestidade, a vulnerabilidade e a coragem para enfrentar e transformar padrões de comportamento e pensamento.

RAIO-X DO COMPORTAMENTO

Após estabelecer uma conexão profunda e significativa na primeira etapa do Método PRO, a próxima fase crucial é o Raio-x do comportamento. Essa etapa é dedicada a uma análise detalhada e introspectiva de comportamentos, pensamentos e emoções do indivíduo, proporcionando uma visão nítida das dinâmicas internas que influenciam suas ações e reações. Esse processo de investigação profunda permite identificar padrões, gatilhos e consequências de comportamentos específicos, essenciais para compreender a origem de diversos desafios psicológicos e emocionais.

Por meio de técnicas de auto-observação e reflexão, o indivíduo começa a reconhecer os padrões subjacentes que moldam suas experiências diárias. Esse processo não é apenas sobre identificar o que está acontecendo, e sim entender também o porquê e o como. Aprofundar-se nas causas subjacentes oferece insights valiosos para a mudança, permitindo que a pessoa veja além dos sintomas e alcance as raízes de seus problemas.

Uma parte essencial dessa etapa é a conscientização. Tornar-se consciente de seus próprios comportamentos e do contexto em que eles ocorrem é o primeiro passo para a mudança. A conscientização envolve reconhecer tanto os comportamentos adaptativos quanto os mal adaptativos. É um processo que exige honestidade e coragem para olhar para dentro de si mesmo e enfrentar verdades desconfortáveis. No entanto, é essa conscientização que capacita o indivíduo a assumir o controle de sua vida, oferecendo a liberdade de escolher respostas mais saudáveis e construtivas.

O psicólogo desempenha um papel fundamental nesse estágio, fornecendo as ferramentas e o suporte necessários para explorar e analisar os comportamentos. Isso pode incluir técnicas como diários de comportamento, análise funcional e terapias focadas na atenção plena — *mindfulness*. Entretanto, é indicado sempre que o psicólogo realize isso dentro das sessões, junto ao paciente. Em conjunto, psicólogo e paciente colaboram para desvendar os padrões de comportamento, identificando os fatores de estresse, as crenças limitantes e as emoções negativas que contribuem para o ciclo de comportamentos prejudiciais.

O Raio-x do comportamento abre caminho para a intervenção estratégica. Com um entendimento nítido dos comportamentos e de suas causas, estratégias específicas podem ser desenvolvidas para modificar esses padrões. Isso pode envolver o aprendizado de novas habilidades de enfrentamento, o desenvolvimento de pensamentos mais adaptativos e a implementação de mudanças comportamentais práticas. O objetivo é substituir respostas automáticas e mal adaptativas por escolhas conscientes que estejam alinhadas com os objetivos e valores pessoais do indivíduo.

Ao mergulhar profundamente nos padrões de comportamento, pensamento e emoção, o indivíduo ganha a nitidez e a compreensão necessárias para traçar um caminho em direção a uma vida mais gratificante e autêntica. Esse processo não apenas facilita a superação de desafios atuais como também fornece as ferramentas para navegar eficazmente por futuras adversidades, promovendo um bem-estar duradouro.

REGULAÇÃO EMOCIONAL

Essa fase é dedicada ao desenvolvimento da capacidade de gerenciar efetivamente as emoções, essencial para manter o bem-estar psicológico e enfrentar os desafios da vida com resiliência. A Regulação Emocional não implica a supressão ou evitação das emoções, e sim o aprendizado de como vivenciá-las de maneira saudável, entendendo-as como indicadores valiosos, e não como inimigos a serem combatidos.

Nesse estágio, o foco é ensinar estratégias que permitem ao indivíduo lidar com suas emoções de maneira construtiva. Isso envolve reconhecer e aceitar as emoções quando surgem, compreender suas causas e influências e aprender a expressá-las de maneira adequada e eficaz. Em vez de serem levados por ondas de emoções intensas, os indivíduos são encorajados a observar suas emoções, identificar os pensamentos associados a elas e escolher respostas que estejam alinhadas a seus valores e objetivos de longo prazo.

Uma parte importante da Regulação Emocional é a diferenciação entre emoções e ações. Embora não possamos sempre controlar o que sentimos, temos a capacidade de escolher como agimos em resposta às emoções. Esse discernimento é poderoso, pois liberta o indivíduo da crença de que as emoções determinam suas ações. Aprender a pausar, refletir e escolher uma resposta, em vez de reagir impulsivamente, é uma habilidade que transforma a maneira como enfrentamos desafios, conflitos e decisões.

As técnicas utilizadas foram de balanço emocional, uma ferramenta que ajuda a aumentar a conscientização sobre o momento presente e reduz a tendência à ruminação sobre o passado ou à preocupação com o futuro.

O desenvolvimento de uma narrativa interna positiva é fundamental para a Regulação Emocional. A maneira como falamos consigo mesmos pode influenciar profundamente nosso estado emocional. Aprender a identificar e reformular pensamentos negativos ou autocríticos, transformando-os em afirmações mais positivas e afetuosas, é uma etapa essencial para cultivar uma relação mais saudável consigo mesmo e com as próprias emoções.

A regulação emocional também envolve reconhecer que todas as emoções, mesmo as consideradas negativas, têm seu valor e propósito. Elas podem ser mensageiras de necessidades não atendidas, sinalizando áreas de nossa vida que precisam de atenção. Aqui vale lembrar uma frase interessante: nossas emoções guiam nosso eu, e às vezes nosso maior medo é o lugar para o qual mais devemos ir, a ser seguido como uma grande bússola. Em vez de tentar eliminar emoções desconfortáveis, é mais produtivo explorar o que elas estão tentando comunicar e como podemos responder de maneira que promova nosso crescimento e bem-estar.

A etapa de Regulação Emocional dentro do Método PRO é fundamental para alcançar uma vida equilibrada e satisfatória. Ela não apenas equipa o indivíduo com ferramentas para gerenciar suas emoções de forma eficaz como também promove uma compreensão mais profunda de si mesmo e fortalece a resiliência diante das adversidades. A habilidade de regular as emoções é, portanto, um componente-chave para as saúdes mental e emocional, permitindo ao indivíduo navegar pela vida com confiança, objetividade e paz interior.

CONFIANÇA

A etapa de Confiança no Método PRO segue, naturalmente, a Regulação Emocional, oferecendo uma transição para um terreno onde a autoeficácia e a crença nas próprias capacidades se tornam centrais. A construção da confiança é fundamental, pois é ela que fundamenta a motivação e o compromisso do indivíduo com a mudança em longo prazo. A confiança de que é possível mudar, melhorar e alcançar objetivos é um pilar para a transformação pessoal.

A Confiança é a convicção de que podemos enfrentar desafios, superar obstáculos e alcançar nossas metas. No contexto do Método PRO, essa etapa envolve a crença na própria capacidade de aplicar as estratégias aprendidas para regular as emoções, modificar comportamentos e navegar por situações complexas com resiliência e sabedoria.

A autoeficácia, ou a crença nas próprias capacidades de executar ações necessárias para alcançar resultados específicos, é um componente vital da confiança. Aumentar a autoeficácia envolve reconhecer e celebrar pequenas vitórias e sucessos ao longo do processo terapêutico. Isso pode incluir desde a implementação bem-sucedida de uma técnica de regulação emocional até a conquista de objetivos maiores, como melhorar a qualidade de um relacionamento ou avançar na carreira.

Um dos maiores desafios nessa etapa é superar as dúvidas internas e as crenças limitantes que podem sabotar o progresso. Isso envolve um trabalho introspectivo para identificar e questionar pensamentos autolimitadores, substituindo-os por crenças mais positivas e capacitadoras. O psicólogo desempenha um papel crucial aqui, oferecendo suporte, encorajamento e feedback positivo, o que reforça a capacidade do indivíduo de crescer e se adaptar.

A construção da confiança não acontece da noite para o dia; é um processo contínuo que requer prática e paciência. Algumas estratégias incluem a definição de objetivos realistas, o foco no progresso (não na perfeição) e a prática de visualizações positivas, em que o indivíduo se imagina alcançando seus objetivos e superando desafios. Além disso, a criação de um diário de gratidão e de realizações pode ajudar a manter o foco nas capacidades e nos sucessos, fortalecendo a crença em si mesmo.

A etapa de Confiança prepara o terreno para a ação, impulsionando o indivíduo a aplicar as lições aprendidas com coragem e determinação. Ao desenvolver uma sólida confiança em suas capacidades, o indivíduo está mais bem equipado para navegar pela vida com resiliência, abraçando oportunidades de crescimento e enfrentando adversidades com uma postura positiva e proativa.

INTENÇÃO

A próxima etapa no Método PRO é a Intenção. Essa fase marca o compromisso ativo do indivíduo com a mudança. A intenção vai além do simples desejo de mudar; é uma preparação para a decisão firme de agir em direção aos objetivos estabelecidos, mobilizando recursos internos e externos para facilitar essa transformação.

A motivação intrínseca desempenha um papel crucial nessa etapa. Quando o indivíduo está intrinsecamente motivado, a motivação para mudar vem de dentro, relacionada aos valores pessoais, ao desejo de autodesenvolvimento ou à satisfação derivada do próprio processo de mudança. Isso torna o compromisso com a mudança mais sustentável em longo prazo, comparado à motivação extrínseca, que depende de fatores externos.

A intenção também envolve um comprometimento com a perseverança, reconhecendo que desafios e contratempos são partes integrantes do processo de mudança. O compromisso de persistir, apesar dos obstáculos, é fundamental para o sucesso em longo prazo. Isso requer flexibilidade para adaptar o plano de ação conforme necessário e a resiliência para continuar avançando.

A etapa de Intenção destaca-se como o momento em que o indivíduo verdadeiramente se compromete com o processo de crescimento e desenvolvimento pessoal. É o ponto de inflexão em que a motivação se transforma em ação deliberada. Aqui, ter os objetivos muito bem definidos é crucial, pois assim haverá uma direção e foco, permitindo que o indivíduo visualize um caminho nítido a seguir.

Essa fase é essencial para a transição de uma fase de preparação e planejamento para a implementação ativa das mudanças desejadas.

PLANEJAMENTO

Depois de solidificar a intenção de mudar, a próxima etapa no Método PRO é o Planejamento. Essa etapa é dedicada à criação de um roteiro detalhado para alcançar os objetivos estabelecidos, incorporando estratégias específicas, prazos e recursos necessários. O planejamento eficaz transforma a intenção em um conjunto de ações concretas, estruturando o caminho para a mudança de maneira organizada e realista.

O Planejamento é essencial porque fornece uma direção nítida e um senso de propósito, diminuindo a sensação de sobrecarga e aumentando a probabilidade de sucesso. Sem um plano bem elaborado, as boas intenções podem facilmente se perder na confusão do dia a dia ou diante dos primeiros obstáculos.

O primeiro passo no planejamento é decompor os objetivos maiores em tarefas menores e mais gerenciáveis. Essa abordagem torna o processo menos intimidador e facilita o monitoramento do progresso. Cada pequena vitória no caminho serve como motivação para continuar, reforçando a confiança e o comprometimento com o objetivo final.

Priorizar as tarefas é crucial, pois nem todas as ações têm o mesmo impacto na realização dos objetivos. Identificar e focar as atividades de maior valor garante o uso eficiente do tempo e dos recursos. Além disso, organizar as tarefas por ordem de execução ajuda a criar um fluxo lógico de ações, evitando retrocessos e otimizando o processo de mudança.

Um bom plano antecipa possíveis obstáculos e inclui estratégias para superá-los. Isso envolve pensar em cenários alternativos e desenvolver planos de contingência. Ao preparar-se para os desafios com antecedência, o indivíduo se sente mais capacitado para lidar com contratempos e menos propenso a desistir diante das dificuldades.

O planejamento não é um processo estático; é uma ferramenta dinâmica que deve ser revisada e ajustada regularmente. O monitoramento contínuo do progresso permite identificar rapidamente áreas que necessitam de ajuste, garantindo que o plano permaneça alinhado com os objetivos. Ajustar o plano conforme necessário mantém a relevância e eficácia das estratégias de mudança.

A etapa de Planejamento no Método PRO é crucial para transformar intenções em ações efetivas. Ao estabelecer um plano objetivo, detalhado e flexível, o indivíduo cria uma estrutura para a mudança que maximiza as chances de sucesso. O planejamento estratégico não apenas orienta o indivíduo ao longo do processo de mudança como também oferece a motivação e a organização necessárias para alcançar os objetivos desejados com confiança e eficácia.

DECISÃO

Essa etapa é o momento de comprometimento total com a mudança, aquele em que o indivíduo faz uma escolha consciente de seguir em frente com o plano estabelecido, enfrentando os desafios e perseguindo ativamente os objetivos. A Decisão solidifica a intenção e o planejamento em uma ação determinada, marcando um ponto de não retorno no caminho para a transformação. A etimologia palavra é: *de* – parar, *cisão* – cortar. Ou seja, iremos parar um comportamento e começar outro.

A Decisão é fundamental porque representa o momento da transição entre preparar e executar uma ação. Nesse estágio, o indivíduo se compromete por inteiro com o processo de mudança, aceitando plenamente a responsabilidade por suas ações e seus resultados. Esse compromisso é o que diferencia uma simples tentativa de uma mudança significativa e sustentável.

Fazer uma escolha consciente implica uma avaliação cuidadosa dos prós e contras, reconhecendo as possíveis dificuldades e reafirmando a disposição para superá-las. É um momento de reflexão profunda sobre o que a mudança significa e o que ela exige, solidificando o compromisso pessoal com os objetivos definidos.

Um aspecto crucial da Decisão é a superação da ambivalência. Muitas vezes, mesmo após a intenção e o planejamento, pode haver hesitação ou dúvidas. A Decisão exige que o indivíduo confronte e supere essas incertezas, escolhendo prosseguir apesar dos medos e das preocupações. Isso envolve um processo de reafirmação de suas razões e motivações para mudar, fortalecendo a determinação.

A Decisão é também um compromisso com a mudança, uma declaração interna de que o indivíduo está pronto e disposto a adotar novos comportamentos e novas abordagens. Esse compromisso é reforçado pelo reconhecimento de que a mudança é um processo contínuo e que desafios e contratempos são partes integrantes da jornada de crescimento.

Esse estágio enfatiza a importância de um compromisso firme com a ação. Ao tomar a decisão de mudar, o indivíduo se empodera para transformar intenções e planos em realidade tangível.

ENCORAJAMENTO

Após a fase de Decisão, a próxima etapa no Método PRO é o Encorajamento. Esse estágio é vital para manter o *momentum* da mudança, oferecendo suporte emocional e motivacional ao indivíduo à medida que ele começa a implementar as ações necessárias para alcançar seus objetivos. O Encorajamento envolve reconhecer os esforços e progressos, reforçando a autoestima e a resiliência diante dos desafios que surgem no caminho.

O Encorajamento é fundamental porque atua como um combustível emocional que sustenta o indivíduo durante o processo de mudança. Reconhecer cada passo dado, mesmo os menores, ajuda a construir uma sensação de progresso e capacidade, que são essenciais para a continuidade do esforço e para a superação de obstáculos.

Uma parte essencial do Encorajamento é reconhecer o progresso feito. Cada etapa completada, cada desafio superado deve ser visto como uma vitória, reforçando a crença na própria capacidade de mudança e crescimento. Esse reconhecimento pode vir tanto do psicólogo quanto do próprio indivíduo, a partir da autorreflexão e da autocongratulação.

O Encorajamento atua diretamente no fortalecimento da autoestima, pois, ao reconhecer seus próprios sucessos, o indivíduo começa a ver-se de forma mais positiva. A autoestima fortalecida é crucial para a manutenção da motivação, afinal, quando o indivíduo acredita em si mesmo, fica mais resiliente diante dos desafios e mais disposto a persistir no caminho para uma mudança.

Os desafios e contratempos são inevitáveis em qualquer processo de mudança. O Encorajamento é vital para sustentar a resiliência, permitindo que o indivíduo encare as dificuldades não como fracassos, mas como oportunidades de aprendizado e crescimento.

Cada pessoa responde de maneira diferente ao Encorajamento, e é importante adaptar as estratégias às necessidades e às preferências individuais. Alguns podem encontrar motivação no reconhecimento verbal, enquanto outros podem preferir gestos de apoio ou incentivos práticos. A chave é encontrar o que melhor ressoa com o indivíduo, promovendo um sentido de progresso e capacidade.

Encorajamento ajuda a construir a resiliência necessária para enfrentar desafios e persistir em direção aos objetivos desejados.

AÇÃO

Chegamos à etapa crucial de Ação no Método PRO. Nessa fase, as intenções, os planejamentos e os encorajamentos são transformados em ações concretas e tangíveis. A etapa de Ação é fundamental, pois é o momento em que o indivíduo começa a implementar as mudanças desejadas em sua vida, aplicando as estratégias desenvolvidas nas etapas anteriores para alcançar seus objetivos.

A Ação representa a execução prática do plano de mudança. É aqui que o indivíduo executa o que foi aprendido, enfrenta diretamente os desafios e trabalha ativamente para alcançar as metas.

Nessa fase, o foco está na implementação de mudanças comportamentais específicas. Isso pode incluir desde a adoção de novos hábitos e rotinas até a modificação de padrões de pensamento e a melhoria das relações interpessoais. O sucesso nessa etapa depende da capacidade do indivíduo de aplicar consistentemente as técnicas e estratégias definidas durante o planejamento.

A implementação de ações frequentemente encontra desafios e obstáculos. É natural enfrentar resistência, tanto interna quanto externa, durante o processo de mudança. A etapa de Ação exige resiliência e capacidade de adaptar-se e persistir diante dessas dificuldades. O suporte e encorajamento contínuos são essenciais para manter o indivíduo motivado e focado em seus objetivos.

A Ação no Método PRO é a expressão tangível do compromisso do indivíduo com sua própria transformação. Transformando intenções e planos em ações efetivas, essa etapa é o coração do processo de mudança, em que o crescimento pessoal e o desenvolvimento se manifestam na prática. Ao agir de modo deliberado e persistente, o indivíduo avança em direção aos seus objetivos, superando desafios e celebrando as vitórias ao longo do caminho.

REAVALIAÇÃO

Após a fase de Ação no Método PRO, o próximo passo é a Reavaliação. Essa etapa permite ao indivíduo refletir sobre o progresso feito, avaliar a eficácia das ações implementadas e fazer os ajustes necessários para garantir a continuidade do crescimento e do desenvolvimento pessoal. A Reavaliação é um momento de introspecção e análise crítica, que sustenta a mudança com insights valiosos e orientações para o futuro.

É, também, o processo de olhar para trás e considerar o que foi realizado em relação aos objetivos inicialmente estabelecidos – um momento para reconhecer os sucessos e identificar as áreas que ainda precisam de trabalho. Essa fase é essencial para manter o indivíduo alinhado com seus objetivos de longo prazo e para promover uma melhoria contínua.

Avaliar a eficácia das ações tomadas é outro componente crucial dessa etapa. Isso inclui considerar se as estratégias implementadas foram efetivas na aproximação dos objetivos e no enfrentamento dos desafios. Uma avaliação honesta pode revelar insights importantes sobre o que funcionou bem e o que pode ser melhorado.

A Reavaliação envolve, ainda, identificar áreas que necessitam de ajustes ou mudanças na abordagem. Isso pode significar modificar o plano de ação, estabelecer novos objetivos ou adotar novas estratégias para superar obstáculos. A capacidade de adaptar-se e modificar o curso é fundamental para o sucesso em longo prazo.

A reavaliação no Método PRO é uma etapa vital, que permite ao indivíduo refletir sobre o caminho percorrido, avaliar o progresso feito e ajustar o plano conforme necessário. É um momento para celebrar as conquistas, aprender com as experiências e planejar os próximos passos na jornada de mudança. Não é apenas sobre olhar para trás, mas também sobre olhar para frente, fazendo uso de visão nítida e compromisso renovado com o desenvolvimento pessoal contínuo.

Como já dissemos, a evolução não é um tiro certo em um alvo, ela irá possuir altos e baixos, acertos e erros, dores e felicidades e assim por diante. Nessa etapa, não é um problema caso não tenhamos êxito, e sim uma oportunidade de voltar e fazer novamente. Nesse caso, voltaremos à etapa de Raio-x do comportamento e repetiremos todos os passos seguintes novamente.

MANUTENÇÃO

A fase seguinte é a Manutenção. Ela assegura que as mudanças alcançadas sejam sustentadas em longo prazo.

A Manutenção envolve a incorporação de novos comportamentos, estratégias e hábitos de vida, de modo que se tornem parte integrante do cotidiano do indivíduo, minimizando o risco de recaídas e promovendo um crescimento contínuo. É o processo de consolidar as mudanças comportamentais e psicológicas alcançadas durante as etapas anteriores, garantindo que elas se tornem permanentes. Essa etapa reconhece que a verdadeira mudança requer tempo e prática contínua.

Para que a mudança seja sustentada, é essencial que os novos comportamentos e práticas adotados sejam reforçados repetidamente até se tornarem automáticos. A repetição dessas práticas fortalece os novos padrões neurais associados a esses comportamentos, facilitando sua manutenção.

Uma parte importante da Manutenção é a prevenção de recaídas. Isso envolve reconhecer os gatilhos que podem levar a comportamentos antigos e desenvolver estratégias para lidar com eles de maneira eficaz. A conscientização contínua e a autovigilância são cruciais para identificar e intervir antes que uma recaída completa ocorra.

Criar e manter rotinas sustentáveis que suportem os novos comportamentos é fundamental. Isso pode envolver ajustes no estilo de vida, como mudanças na dieta, exercícios regulares ou a adoção de práticas de bem-estar mental. Essas rotinas ajudam a sustentar as mudanças em longo prazo, integrando-as ao dia a dia do indivíduo.

O apoio contínuo, seja por meio de psicoterapia, grupos de apoio ou sistemas de suporte pessoal, é vital durante a etapa de Manutenção. O encorajamento e a orientação contínuos podem fornecer a motivação e os recursos necessários para superar os desafios e continuar a jornada de crescimento pessoal.

A Manutenção também envolve um compromisso com a reflexão e o crescimento contínuo. Isso significa permanecer aberto a aprender novas lições, adaptar-se a novas circunstâncias e explorar oportunidades adicionais de desenvolvimento pessoal. O crescimento é um processo contínuo, e a Manutenção é a etapa que permite que esse processo prossiga indefinidamente.

Ao consolidar novos comportamentos, prevenir recaídas, estabelecer rotinas sustentáveis e buscar apoio contínuo, o indivíduo pode sustentar sua transformação e continuar a crescer e se desenvolver ao longo do tempo.

BEM-ESTAR

A última etapa do Método PRO é o Bem-estar, uma fase que culmina todo o processo de mudança e crescimento pessoal. Essa etapa é dedicada a alcançar e sustentar um estado de bem-estar geral, em que o indivíduo se encontra em harmonia com as emoções, o corpo e a mente, vivenciando uma qualidade de vida melhorada. O Bem-estar não é apenas a ausência de doença ou desconforto, e sim uma condição positiva de plenitude e satisfação. É o objetivo final do Método PRO, representando a realização de um estado de saúde e felicidade duradouros.

Essa etapa reflete o sucesso na incorporação das mudanças comportamentais e psicológicas desejadas, resultando em uma vida mais equilibrada e realizada. Não à toa, uma das principais características do Bem-estar é o equilíbrio emocional. A partir das práticas de regulação emocional desenvolvidas nas etapas anteriores, o indivíduo aprende a gerenciar suas emoções de modo eficaz, enfrentando desafios com resiliência e mantendo uma perspectiva positiva diante da vida.

O Bem-estar também envolve a atenção à saúde física, reconhecendo a conexão intrínseca entre corpo e mente. A adoção de hábitos saudáveis, como alimentação balanceada, exercícios regulares e descanso adequado, é fundamental para sustentar o bem-estar físico e, por extensão, o bem-estar geral.

Relações sociais saudáveis e de suporte são essenciais para o Bem-estar. O Método PRO encoraja o desenvolvimento de habilidades interpessoais, promovendo relacionamentos mais significativos e satisfatórios. O senso de conexão e apoio social contribui significativamente para a sensação de bem-estar.

O Bem-estar é também marcado pela realização pessoal e pelo compromisso contínuo com o crescimento e o desenvolvimento pessoal. O indivíduo encontra satisfação em suas atividades e persegue objetivos alinhados com seus valores e interesses, vivenciando um senso de propósito e realização.

Sustentar o Bem-estar inclui manter as práticas de autocuidado, buscar novas experiências de aprendizado e crescimento e adaptar-se às mudanças da vida com flexibilidade e abertura. O Bem-estar é um processo dinâmico, que se adapta e evolui com o indivíduo.

Essa etapa é a culminação de uma caminhada de transformação pessoal. Reflete a integração bem-sucedida das mudanças realizadas nas etapas anteriores, resultando em uma vida mais plena, equilibrada e satisfatória. O Bem-estar não é um destino em si, mas um estado contínuo de ser, sustentado por práticas de vida saudáveis, equilíbrio emocional, relações enriquecedoras e um compromisso contínuo com o crescimento pessoal.

CONCLUSÃO

Ao concluir este livro sobre o Método PRO, é interessante refletir sobre o percurso singular de cada indivíduo em busca de autoconhecimento e transformação pessoal. O caminho trilhado, delineado por desafios e descobertas, sublinha a essência intrínseca à evolução humana: a capacidade de superar adversidades e emergir fortalecido, enriquecido por experiências significativas e aprendizados profundos.

A história de Fernanda, embora única, serve como paradigma para a universalidade da experiência humana, evidenciando que a busca por equilíbrio, bem-estar e satisfação é um denominador comum a todos. A aplicação do Método PRO ilustra não somente a viabilidade da mudança consciente, mas também a importância da persistência, da introspecção, compreensão das emoções e da resiliência no processo contínuo de crescimento pessoal.

Reconhecer que o processo de transformação é uma constante na evolução que não se estagna, mas flui incessantemente. Cada experiência vivenciada, cada obstáculo superado e cada nova compreensão adquirida são pedras fundamentais na construção de um ser mais autêntico.

O Método PRO constitui-se como um convite à plenitude de viver, incentivando a exploração das inúmeras facetas da condição humana. Encoraja-se, portanto, a continuidade neste trajeto evolutivo, munidos das estratégias e insights proporcionados pelo método, na convicção de que cada passo dado é um ato de celebração da capacidade inata de transformação pessoal.

Este livro visa ser um marco em sua trajetória, iluminando os caminhos por vezes escuros pelo desconhecido e orientando através das diversas sucessões de mudança da vida rumo a um leque de possibilidades sem fim. É com profundo apreço que se agradece a oportunidade de compartilhar este conhecimento e espero que o Método PRO permaneça como um aliado inestimável na busca pelo bem-estar, pela felicidade e por um propósito de vida genuíno.

Com otimismo, convido a todos a prosseguir na busca pela evolução pessoal, reconhecendo que cada novo amanhecer oferece uma nova oportunidade para renovação, aprendizado e desenvolvimento. É possível não apenas forjar um destino mais promissor para nós mesmos, mas também influenciar positivamente o mundo ao nosso redor, um passo de cada vez.

Para quem chegou até aqui e gostaria de se aprofundar mais no assunto, tenho o curso on-line do Método PRO com vídeos explicativos para cada etapa e mais ferramentas para a implementação.

Acesse o site www.metodopro.com.br/livro-curso-online e, como presente e incentivo para continuar a sua evolução pessoal, utilize o cupom **PRO40** para ganhar 40% de desconto.

Dr. Yuri Busin

FONTE Enra Slab Regular
PAPEL Pólen Natural 80 g/m²
IMPRESSÃO Paym